U0085364

世紀人物100

開疆闢土

漢武帝

林佩欣　著

三民書局

獻給孩子們的禮物

主編的話

世界上最幸福的孩子，是他們一出生就有機會接近故事書，想想看，那些書中的人物，不論古今中外都來到了眼前，與他們相識，不僅分享了各個人物生活中的點滴，孩子們的想像力也隨著書中的故事情節飛翔。

不論世界如何演變，科技如何發達，孩子一世幸福的起源，仍然來自於父母的影響，如果每一個孩子都能從小在父母親的懷抱中，傾聽故事，共享閱讀之樂，長大後養成了閱讀習慣，這將是一生中享用不盡的財富。

三民書局的劉振強董事長，想必也是一位深信讀書是人生最大財富的人，在讀書人口往下滑落的多元化時代，他仍然堅信讀書的重要，近年來，更不計成本，連續出版了特別為孩子們策劃的兒童文學叢書，從「文學家」、「藝術家」、「音樂家」、「影響世界的人」系列到「童話小天地」、「第一次」系列，至今已出版了近百本，這僅是由筆者主編出版的部分叢書而已，若包括其他兒童詩集及套書，三民書局已出版不下千百種的兒童讀物。

劉董事長也時常感念著，在他困苦貧窮的青少年時期，是書使他堅強向上，在社會普遍困苦，而生活簡陋的年代，也是書成了他最好的良伴，他希望在他的有生之年，分享這份資產，讓下一代可以充分

使用，讓親子共讀的親情，源遠流長。

「世紀人物100」系列早就在他的關切中構思著，希望能出版孩子們喜歡而且一生難忘的好書。近年來筆者放下一切寫作，接下這份主編重任，並結合海內外有心兒童文學的作者共同為下一代效力，正是感動於劉董事長致力文化大業的真誠之心，更欣喜許多志同道合的朋友，能與我一起為孩子們寫書。

「世紀人物100」系列規劃出版一百位人物故事，中外各占五十人，包括了在歷史上有關文學、藝術、人文、政治與科學等各行各業有貢獻的人物故事，邀請國內外兒童文學領域專業的學者、作家同心協力編寫，費時多年，分梯次出版。在越來越多元化的世界中，每個人都有各自的才華與潛力，每個朝代也都有其可歌可泣的故事，但是在故事背後所具有的一個共同點，就是每個傳主在困苦中不屈不撓，令人難忘的經歷，這些經歷經由各作者用心博覽有關資料，再三推敲求證，再以文學之筆，寫出了有趣而感人的故事。

西諺有云：「世界因有各式各樣不同的人群，才更加多采多姿。」這套書就是以「人」的故事為主旨，不刻意美化傳主，以每一位傳主的生活經歷為主軸，深入描寫他們成長的環境、家庭教育與童年生活，深入探索是什麼因素造成了他們與眾不同？是什麼力量驅動了他們鍥而不捨的毅力？以日常生活中的小故事，來描繪出這些人物，為

什麼能使夢想成真。為了引起小讀者的興趣,特別著重在各傳主的童年生活描述,希望能引起共鳴。尤其在閱讀這些作品時,能於心領神會中得到靈感。

　　和一般從外文翻譯出來的偉人傳記所不同的是,此套書的特色是,由熟悉兒童文學又關心教育的作者用心收集資料,用有趣的故事,融入知識,並以文學之筆,深入淺出寫出適合小朋友與大朋友閱讀的人物傳記。在探討每位人物的內在心理因素之餘,也希望讀者從閱讀中,能激勵出個人內在的潛力和夢想。我相信每個孩子在年少時都會發呆做夢,在他們發呆和做夢的同時,書是他們最私密的好友,在閱讀中,沒有批判和譏諷,卻可隨書中的主人翁,海闊天空一起遨遊,或狂想或計畫,而成為心靈知交,不僅留下年少時,從閱讀中得到的神交良伴(一個回憶),如果能兩代共讀,讀後一起討論,綿綿相傳,留下共同回憶,何嘗不是一幅幸福的親子圖?

　　2006 年,我們升格成為祖字輩,有一位朋友提了滿滿兩袋的童書相送,一袋給新科父母,一袋給我們。老友是美國國家科學院院士,曾擔任過全美閱讀評估諮議委員,也是一位慈愛的好爺爺,深信閱讀對人生的重要。他很感性的說:「不要以為

娃娃聽不懂故事，我的孫兒們一出生就聽我們唸故事書，長大後不僅愛讀書而且想像力豐富，尤其是文字表達能力特別強。」我完全同意，並欣然接受那兩袋最珍貴的禮物。

因為我們同樣都是愛讀書、也深得讀書之樂的人。

謹以此套「世紀人物 100」叢書送給所有愛讀書的孩子和家庭，以及我們的孫兒——石開文，他們都是世界上最幸福的孩子，因為從小有書為伴，與愛同行。

你有沒有吃過葡萄呢?有沒有喝過香醇好喝的葡萄酒呢?你知道這些東西是什麼時候傳到中國的嗎?答案是在漢朝,那麼是在哪一位皇帝在位的時候傳進來的呢?答案就是我們故事的主人翁漢武帝。

漢武帝名叫劉徹,是漢朝第七代的皇帝,漢景帝第九個兒子,七歲時被冊立為太子,十六歲登基成為皇帝。武帝在位五十四年,建立了漢朝最輝煌的時代,讓漢朝成為當時世界上最強大的國家之一。我們常常說歷史上有「漢朝盛世」,漢朝在中國歷史上的確是個強盛的時期;武帝的時候,開創了空前未有的大帝國,更是盛世中的盛世,我們可以這樣說,「漢武帝」不只是一個天子的名詞,更代表中國歷史上一個最偉大的時代。

你知道漢武帝為什麼被稱為「武帝」嗎?武帝是他的繼承人昭帝在他死後為他追贈的諡號,正式的稱號是「孝武皇帝」,「武帝」只是簡稱。什麼是諡號呢?諡號是皇帝死後才有的喔,在活著的時候是沒有的,諡號要根據這個皇帝生前的事蹟和功業才能決定,可以說是後代的人對這個皇帝的評價。好皇帝有好皇帝的評價,惡皇帝有惡皇帝的評價,被後人追諡為「文」或「武」是最好的評價了,有文德的人被追諡為「文」,有武德的人被追諡為「武」。劉徹會被追諡為武帝,是因為他畢生的成就中,最耀眼的就是他的武功,影響中國歷史發展

也最長遠。

武帝是個很有眼光的皇帝，他的眼睛看到的不只有中國，他還看到中國領土四周廣大的土地，他將漢朝的疆域推展到新的境界，把中國的疆域拓展到前所未有的規模，幾乎徹底消除了來自異民族的入侵威脅，還將中國的文物介紹到四方，促進中國跟少數民族的文化交流，讓中國文化的內涵更加豐富。

除了對外的軍事行動之外，武帝的治績也是很厲害的喔，在武帝以前，歷代的天子只是按照順序，以年份來記載他們的統治年代；武帝即位之後，有遠見的他開始建立年號，即位隔一年就是建元元年，中國建年號的制度一直延續到清朝末年為止，成為政治體制上的大創舉，還影響了鄰國的日本、朝鮮（也就是古代的韓國）。

你還記不記得卜學亮很有名的饒舌歌？「孔子的中心思想是個仁，仁的表現是……」，是了，武帝罷黜百家、獨尊儒術，保留了很多儒家的經典，對中國學術文化的影響深刻，到現在我們都還以孔子說過的話，當作我們做人處事的基本道理，就是在武帝的時候大力推廣儒家學術的關係。武帝的經濟措施、水利措施也造福了當時廣大的老百姓。

武帝有這麼多的功勞，但他只有一個人究竟是怎麼辦到的呢？莫非他有三頭六臂？原來，聰

明的武帝重用很多有才能的人幫他做事情，像是在與匈奴的戰爭中，武帝贏得這麼多場勝利，但是他可沒有親自上戰場殺過敵呢！武帝相當懂得利用人才，他沒有親自率領軍隊打仗，而是選用許多出色的將領幫他作戰，而且他看人的眼光很準，懂得選用很好的人才實現他的政治、經濟及學術理念，例如：思想家董仲舒、文學家司馬相如、軍事家衛青和霍去病、財經專家桑弘羊和孔僅、農學家趙過、探險家張騫和蘇武等人都是，這些人替武帝規劃了很多以前的皇帝沒有做過的新措施，對中國的社會、歷史、文化都有很深刻的影響。

聽完介紹，有沒有開始好奇漢武帝究竟是怎樣的人呢？讓我們搭乘時光機，進入漢武帝開創的偉大時代，認識這位中國歷史上了不起的皇帝吧！

寫·書·的·人

林佩欣

政治大學歷史研究所碩士、臺灣師範大學歷史研究所博士班，曾參與國史館、臺灣歷史博物館籌備處、教育部歷史文化學習網等文案撰寫工作，現任臺灣師範大學僑生先修部人文社會學科兼任講師。認為歷史不應是獨門事業，將艱深的史料轉換為通俗、有趣的素材，讓讀者閱讀時能發出會心一笑，是最有成就感的事。

開疆闢土

漢武帝

目次

漢武帝

前156～前87

1 幸運的天子

　　西元前 156 年的某一天，漢景帝第九個兒子出生了。嬰兒的母親王氏，是扶風郡槐里人，她的來頭可不小呢，嬰兒的外婆是燕王臧荼的孫女，她嫁給平民王仲為妻，生下一男二女，長女就是王氏。王氏後來被送進宮，服侍當時還是太子的景帝。傳說有一天景帝在睡覺的時候，夢到一頭紅色的豬從雲端上下來，景帝醒來之後，居然看到一條紅色的龍在柱子旁相當神氣的搖頭擺尾，讓景帝大吃一驚。

　　而且不只他呢，連宮中的宮女都看到了，看到一條紅色的龍可是一件不得了的事情啊！不知道是什麼徵兆？景帝連忙找來精通命理的大師前來占卜一番，只見大師仔細的端詳之後不停的點

頭，就是不說一句話。

「到底是怎麼回事呢？」心急的景帝忍不住開口了。

大師這才微笑告訴景帝說：「啟稟陛下，這可是吉祥的象徵啊！這個宮殿以後一定會有不平凡的人出生。」

景帝聽了之後相當開心，當時王氏已經懷有身孕，過不久就要生產了，景帝連忙要王氏搬到這個宮殿居住，希望她能生下一個不平凡的皇子。

過了幾天之後，景帝又做了一個夢，夢中他看到一位仙女捧著一個紅色的太陽給王氏，王氏將太陽吞下肚子之後，景帝就醒了，沒多久小嬰兒就呱呱墜地了。

小嬰兒剛出生的時候，景帝想到他曾經夢到的紅豬，本來想把小娃娃取名叫做「彘」，彘是什麼意思呢？就是豬！可是景帝

後來又一覺得把孩子取名為豬似乎不太好聽，那麼究竟該取什麼名字好呢？景帝想了又想，終於想到一個好點子。

漢朝初年實行道家的無為而治，從皇室到百官大家都喜歡讀《老子》和《莊子》這些道家的經典，景帝也熟讀道家經典，知道《莊子》這本書裡面，有「目徹為明、耳徹為聰、鼻徹為顫＊、口徹為甘、心徹為知、知徹為德」這樣的句子。這句話的意思是說，人的眼睛通徹叫做明，耳朵通徹叫做聰，鼻子通徹叫做顫，嘴巴通徹叫做甘，心靈通徹叫做智，智慧通徹叫做德。一個人只要做到了徹，就是達到成為聖賢的要求。況且徹跟彘的發音接近，因此景帝決定將小嬰兒的名字由劉彘改為劉徹。

＊顫　學者認為這個字讀音為「馨」，指香味遠聞。

　　景帝總共有十四個兒子，劉徹排行第九，由於景帝的正室薄皇后並沒有生下兒子，西元前153 年，景帝即位第四年，也就是劉徹三歲的時候，景帝立他的大兒子劉榮為太子，劉榮是景帝的側室栗姬的兒子，在這一波的分封中，小劉徹被封為膠東王。

　　小劉徹被封為膠東王，如果沒有什麼變故的話，長大之後也不過是地方上一個諸侯而已，是不可能成為天子的，更不會有漢武帝的存在。可是世間的事情就是這麼奇妙，幸運之神眷顧了他，一個讓小劉徹成為天子的奇蹟居然發生了。

　　景帝有個姐姐叫做館陶公主，是文帝和竇皇后所生，後來嫁給堂邑侯陳午，生了一個女兒叫做阿嬌，阿嬌算是劉徹的表妹。野心勃勃的館陶公主想讓她的寶貝女兒阿嬌成為太子妃，她

知道大皇子劉榮是太子，以後會成為皇帝，所以她積極的想要促成阿嬌跟劉榮的親事。她心裡想，如果阿嬌長大之後順利成為皇后，自己也可以過著榮華富貴的生活。

可是，劉榮的母親栗姬一聽到館陶公主提起這門親事，當場就毫不客氣的拒絕了，因為栗姬怨恨館陶公主老是送美女給景帝，讓景帝冷落了她，栗姬對館陶公主早就懷恨在心了！

館陶公主被栗姬拒絕，讓她覺得很沒面子，她相當的生氣，想著總有一天一定要給栗姬好看！

有一天，小劉徹去館陶公主家裡玩，館陶公主將小劉徹抱在膝上逗著他玩，開玩笑的問他說：「小寶寶，你要不要找個新娘呢？」她指著身邊眾多宮女，問小劉徹說：「你喜歡哪一個？」

　　只見小劉徹搖搖頭說：「我才不要呢。」

　　館陶公主順手指著女兒阿嬌問說：「那阿嬌好不好？漂亮嗎？」

　　小劉徹聽到之後可開心了。小阿嬌跟小劉徹兩人是青梅竹馬的玩伴，小劉徹本來就很喜歡她，一聽到姑媽要把小阿嬌嫁給自己，就很高興的笑說：「阿嬌漂亮啊！要是阿嬌當我的新娘，我要用金子造宮殿給她住，也會非常非常的愛護她！」小劉徹年紀雖小，可是非常會討大人歡心。

　　一聽到小劉徹的話，讓身為母親的館陶公主笑得合不攏嘴，後來乾脆把目標轉到劉徹身上。在館陶公主的撮合下，劉徹的母親王氏也一答應了這門親事。

　　為了讓阿嬌以後能順利當上皇后，在館陶公主的計謀下，栗姬與皇太子劉榮終於失寵了。

　　薄皇后因為沒有生下兒子，

沒多久就被景帝廢掉了，栗姬原本是新任皇后的熱門人選，可是館陶公主卻經常在景帝面前說她的壞話，讓景帝對她越來越沒有好感。

有一天，一個負責外國使節事務的官員，向景帝報告完國家大事之後，居然附帶了一句說：「俗話說母憑子貴，請陛下盡快立太子的母親栗姬為后吧！」

沒想到這句話產生了反效果，景帝聽了之後老大不高興，冷冷的說:「這種事是你能多嘴的嗎？」

生氣的景帝下令處死這個多管閒事的大臣，又將劉榮貶成臨江王，讓他從皇太子降為諸侯王，景帝對栗姬也失去了新鮮感，再也不將注意力放在她身上。栗姬見不到景帝，不久之後就含恨死了。

在館陶公主詳密的計畫之

下，小劉徹終於被景帝立為太子，母親王氏也被立為皇后，館陶公主的計策終於成功了。小劉徹跟這場皇宮鬥爭一點關係都沒有，竟然就這樣成為皇太子，真的是一件無比幸運的事情，他也履行了之前的承諾，立館陶公主的女兒阿嬌為太子妃。

　　小劉徹原本就相當喜歡讀書，成為太子之後，景帝更是注重他的教育，給小劉徹選了一個品貌端正，表現也很傑出的學者衛綰當老師。在衛綰的指導下，小劉徹讀了很多有名的經典，他的記憶力很強，讀過的書都不會忘記。

　　有一天，景帝把小劉徹抱在桌子前，要他說說看喜歡讀什麼樣的書，景帝是在考他呢！只見小劉徹不慌不忙的把他前天才剛背熟的經典一字不漏的朗誦出來，讓景帝又驚又喜。

　　小傢伙很認真嘛！景帝欣慰的想著。小劉徹念的都是什麼書呢？他念的都是自古以來有名的聖賢說過的話，還有如何治國的經典，這些都是身為天子必須知道的知識。劉徹小小年紀就知道自己以後責任重大，認為這些書是必要的知識，看得出來他對自己的要求和期許。

　　小劉徹求知慾相當旺盛，衛綰老師已不能滿足他的需求，於是在完成老師規定的作業之後，他常常跑去一經博士那邊學他想學的東西。一經博士就是通一部經的博士，主要有《詩經》博士、《書經》博士、《春秋》博士等，這些都是儒家的經典。

　　有一天，劉徹聽到一位博士在背誦一篇文章，他被那篇文章的內容吸引了，連忙跑去問那位博士這是誰的作品，博士回答他說：「這是賈太傅的作品。」賈太傅

就是賈誼，他是個大才子，可是後來被漢文帝疏遠，政途失意，三十三歲就去世了。

劉徹早就聽說過文帝跟賈誼的事情，對年輕有為的賈誼相當欽佩，對他祖父文帝的作法也不太滿意，只是他還沒有讀過賈誼的文章。從那天起，劉徹在博士的幫助下，很快的讀完賈誼的文章，他覺得賈誼的文章每一句都打動了他的心，劉徹很希望有像賈誼這樣的人來輔佐他當皇帝呢！

劉徹還簡單的評論了一下他的老師衛綰和賈誼的區別，他覺得衛綰老師的詩書空談仁義教化，不太實際；而賈誼的主張好像是為他當皇帝做準備似的，相當的實用，在他的心裡已經有治國的藍圖了。

劉徹不僅愛讀書，也很懂得學以致用。有一天，有個官員向

景帝報告一個殺人案件，請求景帝裁示。原來是有一個叫做防年的少年殺了他的繼母陳氏，原因是陳氏殺了他的親生父親，防年殺了她幫父親報仇，官員依照當時殺害母親的刑責判防年重罪，也就是大逆罪。

景帝聽了判決之後，皺了皺眉頭，對這個判決感到疑問，但是他沒有馬上說出來，而是問了劉徹的意見，順便也想試探一下劉徹的能力。

只見劉徹思考了一下，很快的回答父親說：「平常人們都說繼母就像親生母親，我們要孝順她跟孝順親生母親一樣，這就表示繼母跟親生母親還是不同的，只是因為父親喜愛她，把她娶來當妻子，做兒子的才稱她為母親。可是現在防年的繼母殺死她的丈夫，在繼母下手殺父親的時候，母子之間的情義就斷絕了，兩人

之間就不存在母子關係了。所以我認為，應該以一般的殺人案來判罪，不應該判他大逆罪才對。」

不論是古代或是現代，殺害父母可不是一般的罪，那是大逆不道的重罪，必須要加重處分。防年為了幫父親報仇才殺掉繼母，如果因此而判大逆罪的話，就太可憐了。

劉徹有條有理的分析這個案件，說得既有人情味又有倫理性，且能兼顧理性和法律知識，關於判罪的性質也劃分得很清楚。雖然他只是小小年紀，卻擁有敏捷的思考能力及判斷能力，讓景帝聽了之後也讚賞有加，相當佩服劉徹的分析。後來景帝就按照劉徹的意見，判防年一般殺人罪。

後元三年（西元前 141 年），景帝駕崩了，同一天劉徹即天子位，也就是後來的漢武帝，雄才大略的

天子正式登上歷史的舞臺。武帝即位的時候還只是個半大不小的十四歲少年，失去父親雖然悲傷，但是他繼承皇位成為天子，想到從今以後肩負治理天下的重責大任，內心不由得產生一股使命感。

武帝即位之後，他迫不及待的採取許多他祖父、父親在位時都沒有實施過的新措施，充分的展現出他當君王的才華和智慧，也將漢朝推向一個新時代的高峰。

2 振興儒學延攬人才

　　當武帝還是太子的時候，就一直在思考怎樣才能當個好皇帝。他的祖父文帝和父親景帝都採用道家的學說，也就是老子和莊子的思想，道家的學說主張清淨無為、崇尚自然，也就是凡事順其自然不強求。為什麼武帝之前的君主會這樣做呢？這可是有原因的。

　　中國在秦始皇和秦二世暴虐的統治之後，又經過楚漢相爭的混亂時期。漢朝的開國君主劉邦雖然結束了四十年的動亂，建立統一的大漢帝國，讓天下獲得和平，但是在長期的動亂下，人民的生活相當痛苦，早就已經筋疲力盡了。在這樣的情形之下，富裕民生、充實國力，便成為漢代初期幾位國君施政的基本方針。

為了達到這個目的，首先就是要讓疲憊不堪的百姓得到充分的休息，讓國家慢慢的恢復力量。

因此，政府必須放寬法律，不能過於嚴格，還要減少賦稅，減輕人民的負擔，從開國的君主高祖，到惠帝、文帝、景帝，宰相們都是以「無為」作為治理國家的基本政策，什麼是無為呢？就是盡量不要實施太多不必要的措施，不增加百姓的困擾，讓百姓能夠獲得充分的休息。

不過休息也是要有限度的，總不能一直休息下去啊！等到武帝即位之後，他發現前幾任君主為漢朝打下很好的基礎，可是都沒有積極作為，糧倉累積的糧食太多了，米都爛掉了；府庫裡的錢也太多了，穿錢用的繩子都朽斷了，錢如果沒有流通的話，跟廢鐵有什麼兩樣呢？這樣的國家是不會進步的。

　　地方上有很多人錢賺得很多，勢力越來越大，他們欺壓善良的百姓，還跟官府爭權奪利，危害國家的安全；北方的匈奴也越來越囂張。該是好好整頓國家的時候了。

　　武帝跟他的祖父和父親理念不同，他想以儒學當作治國的方針。

　　儒家學說以孔子的思想為中心，最終目的是要達到「仁」的理想。「仁」是什麼意思呢？孔子認為人類具有孝的本性，仁就是孝的延伸；仁的意義還可以進一步推廣到「忠」跟「恕」兩個層面，「忠」就是盡自己的力量，用積極的方式為人類謀幸福；「恕」就是推己及人，自己不想要的東西不強迫別人接受。

　　儒家的學說其實就是鼓勵大家要善用我們的聰明才智，為人類謀幸福，不能夠只想到自己，

還要幫助天下的人，運用自己的智慧和才能，讓天下的人都能過著幸福的生活。這樣積極的觀念，正好跟想大刀闊斧進行改革的武帝不謀而合。

武帝認為儒學是有益於政治的學問，為了在政治上有一番新的氣象，他決定振興儒學，並且延攬有用的人才。

武帝向朝廷大臣發布詔令：「舉賢良、方正、直言、極諫之士。」賢良就是賢明善良的人；方正就是方直正義的人；直言就是沒有顧忌能坦率發言的人；極諫就是能夠極力勸戒的人，這些都是治理國家不可或缺的人才。治國最重要的就是人才，這些人才將來對國家的幫助很大，所以武帝把選舉人才當作施政的重要措施。

這下子許久沒有受到重視的儒生終於熬出頭了！很多有名的

學者聽到這個消息之後，紛紛透過各種管道趕到京師，想要一展長才。

其中最有名的學者就是董仲舒。他在景帝的時候原本就是一個博士，學問很好，也被推舉為賢良之士。武帝為了測試他，就對他進行口試，兩人之間有一場精采的對答，也就是著名的「賢良對策」。董仲舒提出重視教育發展的理念，他告訴武帝說:「培養官吏最好的方法，就是建立太學。」

武帝認為董仲舒的建議很有道理，於是在長安城外設立太學。

什麼是太學呢？太學就是國家設立的學校，也就是我們現在所說的國立大學。在太學教書的就是博士，這個博士跟現代的博士不一樣，不過兩者之間有異曲同工之妙。博士本來的意思是博

通古今的飽學之士，武帝設置太學之後，博士的任務就是研究學術和教授學生，是不是跟現在大學裡的教授很像呢？

漢代太學的博士所研究的學術是五經，五經就是儒家《易經》、《書經》、《詩經》、《禮經》、《春秋》五部經典，所以他們又叫做五經博士。因此，不論是古代的博士還是現代的博士，都是很有學問的人。

太學的學生是由中央及地方挑選，選擇的條件是十八歲以上，儀表端正的青年，家境和出身並沒有限制，雖然學生大多是富家子弟，但是也有很多出身貧苦的青年，這些學生只要通過考試就可以畢業，並且按照考試成績的高低給他們不同的官做。

除了中央的學校之外，武帝還下令地方也要設置學校，推行以學校培養人才的計畫，教學的

內容當然是以儒學為主。

然而，武帝振興儒學並沒有這麼順利，他遭到一股很大的阻力，就是竇太皇太后的阻止。竇太皇太后歷經文、景、武三朝，從皇后到皇太后又變成太皇太后，在朝廷擁有很強大的影響力，常常干預朝政。竇太皇太后受到文帝和景帝的影響，喜歡道家的學說，不喜歡儒學。她認為文帝跟景帝的時候國家會這麼強盛，就是因為實施道家學說的緣故，現在也一樣可以做到，根本不需要更動祖宗家法。

武帝大動作推廣儒學，讓竇太皇太后很不高興，常常阻止武帝的施政，還會殺掉武帝分封的儒官，讓這些儒官們很恐懼。

武帝雖然對竇太皇太后的干涉感到很頭痛，但因為尊敬竇太皇太后是他的祖母，便不跟她硬碰硬，只是靜靜的等待時機。直

到建元六年（西元前 135 年）竇太皇太后去世之後，武帝才正式大刀闊斧的進行改革，可見他是一個多麼深謀遠慮的君主。

元光元年（西元前 134 年），武帝又聽從董仲舒的建議，向全國頒布公告尋找「孝廉」，什麼是孝廉呢？孝，就是孝子；廉，就是清廉的官吏，武帝找的都是真正有才德的人。

後來，武帝又找了賢良文學之士，意思就是有賢德且學問又很好的人，由他本人親自考試，得到第一名的是一個叫做公孫弘的人。

公孫弘家裡很窮，靠養豬維生，四十歲之後才學《春秋》，被推舉為賢良的時候已經六十歲了，算是大器晚成型的人物。武帝曾經派他出征匈奴，不過沒有什麼戰績，武帝很生氣，公孫弘也覺得很難為情，就以養病為理

由辭官回家了。後來，武帝徵召第二批賢良文學之士的時候，沒想到地方政府又推薦公孫弘，他的考卷又被武帝評選為第一名。

其實公孫弘的辦事能力很強，也很會處理人際問題，雖然武帝老覺得公孫弘很會拍人家馬屁，不過還是繼續重用他，很快的公孫弘就升為左內史，幾年之後升為御史大夫，後來還當了丞相呢！

在一連串尋找人才的政策之下，武帝一口氣任用了許多有能力的人，這些人的共通點就是熟讀儒家的經典，對於怎麼運用儒學治理國家都很有看法。太史公司馬遷曾說武帝是個「好賢不倦」的皇帝，意思是說武帝很能知人善任，也有容納不同意見的雅量。任用賢人很容易，可是能接納跟自己意見不同的人，這就很不簡單了。

　　武帝有一個特色，就是用人相當大膽，他不會在意這個人的出身背景，只在意這個人是不是有才能，武帝更鼓勵平民上書自我推薦，由他親自過目篩選，這樣廣闊的胸襟，可不是每個皇帝都做得到！

　　有個例子可以證明這件事。

　　當時有個文學家叫做東方朔，他是一個很滑稽的人，東方朔為了得到武帝的賞識，求得一官半職，二十二歲那一年來到長安，還給武帝寫了一封自我推薦的信。

　　東方朔的信是這樣寫的：「我叫做東方朔，從小就死了爹娘，靠哥哥、嫂嫂撫養長大。我十二歲開始讀書，三個冬天學的知識就夠用了；十五歲學擊劍；十六歲學《詩經》和《書經》，總共讀了二十二萬字。十九歲學《孫子兵法》，又讀了二十二萬字。

如今，我總共讀了四十四萬字了。我今年二十二歲，身高九尺三寸，眼睛亮得跟一對明珠一樣，牙齒白得的像一排貝殼一樣。我像古人一樣聰明、勇敢、機靈，講廉潔，守信義。像我這樣的人很值得當天子的大臣，陛下除了用我還能用誰呢？我等著陛下任用我的消息啊！」

武帝一邊讀他的信一邊笑，覺得這東方朔實在是個奇人，有趣得很，於是下令把他找來，暫時住在公車令那裡等候任用。

可是不知道為什麼，東方朔在公車令那裡住了好一段時間，都沒有人理他。東方朔等得著急得不得了，靈機一動，想到一個讓武帝接見他的辦法。

有一天，武帝坐著馬車準備出宮，突然有一群侏儒撲到車前跪著大哭，求武帝饒命。

武帝詫異的問他們:「是誰說

朕要殺你們？」

侏儒們哭哭啼啼的說：「是東方朔！他說我們長得矮小，都要處死！」

武帝說：「長得矮小又犯了什麼罪了？沒這回事！你們回去吧，朕要問問這東方朔到底是怎麼回事。」

武帝按捺不住心頭的好奇，回宮之後，便把東方朔找來問話。

「你就是東方朔？」

東方朔恭敬的說：「是的。」

武帝又問：「你說朕要殺死那些侏儒？」

「是。」

見到東方朔居然不反駁，武帝火大的說：「這是造謠生事，你該當何罪？」

只見東方朔不慌不忙的說：「當然是我胡謅的啊，這是臣想見陛下的方法。」

東方朔頓了一頓，接著又說：「那些侏儒身長三尺，每月領一袋米，二百四十錢。臣身長九尺多，每月也領一袋米，二百四十錢，他們飽得要撐死，我卻快餓死了。如果陛下認為臣有用就用我吧，如果不用就讓我回老家，省得留在長安吃陛下的糧食。」

武帝聽了忍不住笑了出來，覺得東方朔這傢伙還真有趣，反應相當機靈，就任命他為待詔金馬門，這下東方朔總算有官可當了。

建元三年（西元前138年），武帝開始修建上林苑，動用很多的人力和物力，東方朔以秦朝修建阿房宮為例子，勸武帝不可以這麼奢華。當時秦朝為了修建阿房宮，動用了好幾十萬人，造成百姓很大的痛苦。武帝聽了，雖然沒有停止修建上林苑，但是他認為東

方朔說得很有道理，也很佩服東方朔居然這麼勇敢，敢這樣當面指責他，於是把東方朔提升為太中大夫，並賞賜他黃金百斤。

另外一個例子是朱買臣。

朱買臣是會稽吳縣人，平常以砍柴維生，生活相當困苦，四十多歲了，除了勉強娶了個妻子之外，什麼都沒有。可是他有一個優點，就是很好學，念了很多書。朱買臣夫妻兩人常常一起上山砍柴，路上朱買臣老是邊走邊背誦古書，妻子一句也聽不懂。

有一天，妻子終於忍耐不了了，要求朱買臣把她休掉。

朱買臣跟他的妻子說：「你跟我受了這麼多年的苦，再忍耐個幾年吧！等我當官之後，你就可以享福了。」

他的妻子氣得指著他罵說：「你在做白日夢！我已經受夠你了，你這輩子根本就不可能當

官，再跟著你，我就只有餓死一條路了！」

朱買臣看妻子要離開的念頭相當堅定，知道難以挽回，只好寫了封休書讓她走了。妻子走了之後，朱買臣仍然一邊砍柴一邊讀書，生活沒什麼變化。

幾年之後，朱買臣跟著會稽的上計吏到長安送帳簿，吳縣的同鄉中大夫嚴助把他推薦給武帝。武帝召見他之後，問他對治國有什麼看法，朱買臣跟武帝談了一些他的想法，還引用儒家的經典《春秋》為例子，把《春秋》倒背如流，並且特別朗誦了屈原作品中許多優美的句子。

武帝聽了十分的高興，認為朱買臣確實是個人才，封朱買臣為中大夫，後來又讓他當了會稽太守。

當朱買臣到會稽就任的時候，當地的民眾很熱烈的歡迎

他，他的前妻和後來再嫁的丈夫也在人潮當中。朱買臣在馬車上看到他們，居然不計前嫌的招呼他們上車，請他們住在太守的官邸，還用最好的衣服和食物招待他們。不過他的前妻相當後悔，覺得自己看走眼，沒有臉見人，一個月之後就自殺死了。

武帝雖然崇尚儒學，不過並不排斥其他的學說，有個崇尚道家學說的官員叫做汲黯，他為人很正直，常常路見不平，當面跟人家據理力爭。武帝的時候他當東海太守，後來又升為主管全國封爵事務的主爵都尉。

有一次上朝的時候，武帝找了很多儒生來談話，要大家說說如何實施仁義，沒想到汲黯居然當著文武百官的面反駁武帝說：「陛下如果心裡有這麼多的慾望，卻想要施行仁義，根本就不可能達到像古代賢君那樣的境

界！」

這句話的意思，就是在責備武帝發動這麼多軍事行動卻說要施行仁義，只是虛有其表而已。武帝聽了之後簡直氣炸了，其他的官員也為汲黯捏把冷汗，心想汲黯這個傢伙怎麼那麼愚蠢，居然說了武帝不喜歡聽的話，這下一定要被砍頭了。

沒想到退朝之後，武帝也只是淡淡的說了一句：「這個愣頭愣腦的傢伙，真是太過分了。」並沒有懲罰汲黯呢！可見武帝還挺有風度的，雖然聽到不喜歡聽的話，也不會隨便懲罰有話直說的官員。

整體來說，武帝善於用人，不僅在漢代，甚至在整個中國歷史上都很突出，也讓後代的歷史家很稱讚，不論是太學培養出來的官吏，或是地方推薦的官員，他們都熟讀儒家的經典。從武帝

以後，中央政府的官吏都學習儒學，學校的制度也更完善了，讀書人最大的學習目標也是儒學，希望能夠發揮所長為國家服務，儒學發展達到高峰，漸漸的成為中華文化的特色。

　　武帝振興儒學延攬儒生的措施，讓儒學的發展更為穩固，我們前面提到代表儒家經典的除了五經，還有《論語》、《孟子》這些書，都變成中國讀書人必讀的基本書籍，儒家代表性的人物孔子和孟子，也都成為中國人熟悉的人物，儒家的創始人孔子更被尊為中國人的至聖先師，影響中國好幾千年呢！儒學對日本、韓國的影響也很深刻，這是漢武帝在文化方面對中國最大的貢獻。

3 鞏固中央領導權力

　　武帝即位之後，為了鞏固權力，削弱地方諸侯的實力，加強中央內部的控制，讓漢朝真正變成一個統一的大帝國。

　　諸侯勢力的問題，是漢朝開國以來的老問題了。楚漢相爭的時候，劉邦為了戰勝強大的對手項羽，曾經分封韓信、彭越、英布這些不是劉家的人當王，因為他們跟劉邦不同姓，叫做異姓王。等到劉邦稱帝之後，又分封皇室子弟當王，他們跟劉邦有血緣關係，叫做同姓王。

　　我們前面說過，漢朝初年的時候實行無為而治，同姓王在經濟和政治上發展得很快，因為力量膨脹得很快，這些諸侯就變成割據的半獨立狀態，有一些人甚至野心勃勃的想奪取皇位，讓中

央政府感到很困擾。

文帝的時候，賈誼就建議把同姓王的封地切割成幾個小單位，多分封幾個王，可以達到削弱諸侯的目的。文帝雖然很重視賈誼的意見，但是想到這樣會破壞親戚的關係，所以有些猶豫。

景帝的時候，晁錯建議諸侯只要犯罪就削減他的封地，反正削減諸侯的封地諸侯會反抗，不削減也會反抗，還不如趁現在趕快下手，免得後患無窮。景帝採納了晁錯的建議，只要有諸侯犯罪就削減他的封地。沒想到卻引起很大的反彈，被削減封地的諸侯很生氣，把矛頭指向晁錯，一副要把晁錯碎屍萬段的樣子，後來吳王劉濞乾脆串通其他幾個諸侯發動叛亂，這就是歷史上有名的「七國之亂」。

景帝聽到諸侯居然聯合起來叛亂簡直嚇壞了，不得已之下殺

掉晁錯，希望諸侯們能夠消消氣，快點退兵。沒想到諸侯不但不退兵，還揚言要奪取皇位，這下子景帝終於知道諸侯是管不住了，於是下決心用武力解決問題，最後派太尉周亞夫率領大軍平定了叛亂。

亂事結束之後，景帝抓住有利的機會，採取一連串控制和削減諸侯勢力的辦法。但是，諸侯的勢力還是存在，他們認為自己是皇子皇孫，任何人都動不了他們，地方上又有不少巴結他們的人為他們出計謀，所以他們依然過著奢侈玩樂的生活，而且常常有不法的行為。

武帝即位之後，建元三年（西元前138年），代王劉登、中山王劉勝、長沙王劉發、濟川王劉明進京朝見武帝，武帝擺了一桌好酒好菜款待他們，還找來歌舞助興，好不熱鬧，沒想到宴會一開

始，劉勝聽到音樂就開始哭了起來，哭得傷心極了。

武帝詫異的問他怎麼回事，劉勝說：「我已經把悲傷藏在心裡太久了，聽到別人嘆息都會令我更加悲傷，甚至聽到一點很小的聲音，我也會忍不住痛哭。陛下您封我為東方的諸侯，又稱呼我一聲兄長，可是地方官吏卻看不起我們，動不動就騷擾我們，讓我們無法安穩的過日子。陛下，我們可是親骨肉啊！但是我們卻越來越疏遠，真是太讓我傷心了。」

劉勝會這麼說，是因為看到七國之亂結束之後，其他諸侯的境遇而有感而發，這場亂事雖然沒有波及到他，可是他也有憂患意識，認為應該要做些自我保護的動作。

武帝聽了之後，一開始不明白真相，對諸侯王感到很同情，

對他們就好了起來，沒想到讓這些諸侯又更囂張了，尤其是那個在武帝面前痛哭的劉勝，生活相當的奢侈，根本就不把朝廷當一回事，這時候武帝才明白事情的真相。

「先帝用晁錯的削藩策略原來是正確的。」武帝這時才恍然大悟。

就在這時候，一個重要的人出現了，這個人叫做主父偃。

主父偃生長在一個很貧困的家庭，學過戰國時期縱橫家的學說，後來改讀儒家的經典。他很希望有一天自己的才華能被賞識、被重用。

元光元年（西元前 134 年），主父偃從老家山東跑到長安，求見大將軍衛青，想請衛青幫忙推薦；後來，他又覺得如果只是靠別人幫忙推薦很難出頭，所以他就寫了一封長信給武帝。主父偃在信中

提了九個建議，八個是關於法律方面的，一個是關於征伐匈奴的，武帝看完之後，當天晚上就召見主父偃，任命他為郎中，因為主父偃實在很有才華，一年之內就升了四次官呢！

針對諸侯的問題，主父偃提出了一個政策叫做「推恩令」。

主父偃跟武帝說:「古時候，諸侯的土地只有百里而已，天子比較容易控制，今天諸侯卻擁有十幾座城池，土地綿延千里，他們容易驕傲，私生活也很放縱，天子如果要控制他們，他們就串連起來對抗，朝廷如果要削減他們的封地，他們就發動叛亂，實在是讓人很難防備。」

這些話簡直是說到武帝心坎裡了，只見武帝不停的點頭稱是。

「嗯，有道理！」

主父偃順了一口氣，又繼續

說：「現在諸侯的兒子很多，可是只有大兒子才可以繼承王位，其他的弟弟一點土地都分不到，如果陛下頒布一道詔書，命令諸侯把土地分封給所有的兒子，那些兒子們肯定會感動得痛哭流涕，但實際上諸侯的勢力卻會被瓜分，力量就變小了。」

「好，好！這真是一個好方法！」

武帝聽了主父偃的建議之後讚不絕口，心裡想著這個主張早就該推行了，賈誼不是早就說過了，要多分封諸侯削弱他們的力量嗎？武帝可是很崇拜賈誼的。

不久之後，武帝頒布了「推恩令」，又表揚那些帶頭實施推恩政策的諸侯。

當時地方上的勢力除了諸侯之外，還有不少豪強為非作歹。秦始皇跟劉邦對付這些豪強的方法是命令他們搬家，強迫他們搬

到首都附近，這樣可以達到控制他們的目的。

　　主父偃進一步建議武帝說：「茂陵已經修建得差不多了，陛下應該跟秦始皇和高皇帝一樣，把天下豪傑還有那些禍害百姓的惡霸，通通遷到茂陵來，這樣不僅可以充實京師的財力，還可以穩定治安，我們不用殺他們，他們就會自己滅亡了。」

　　武帝非常高興的採納了主父偃的意見，元朔二年（西元前 127 年）夏天，武帝下令地方豪強及財產三百萬錢以上的大戶人家都要搬到茂陵，讓中央政府就近監視。

　　武帝貫徹主父偃提出的「推恩令」，其實是非常高明的一招，一方面那些勢力強大的諸侯力量被削弱了，再也無力跟中央對抗；另一方面，那些因為「推恩令」而分到土地的諸侯王子們對武帝十分感激，對武帝也更順

服了。這真是一箭雙雕的計策，無論從哪方面來講，都符合武帝想要鞏固中央權力的想法。

沒想到，正當「推恩令」順利執行的時候，發生了淮南王劉安及衡山王劉賜的謀反事件。

劉安和劉賜是親兄弟，是武帝的堂叔。劉安是個喜歡讀書、彈琴的人，聰明好學，寫得一手好文章，他的文學造詣很高，連武帝也很欽佩。武帝寫信給劉安的時候，下筆總是很小心，反覆的推敲用字遣詞，寫完之後還要請大文豪司馬相如幫忙再看一遍，以便在叔父面前表現自己的才華。

可是這個劉安相當有野心，他養了很多食客，這些食客中各式各樣的人都有，常常給劉安很多計謀和建議，對劉安影響很大。建元二年（西元前 139 年），劉安到長安朝見武帝的時候，太尉田蚡

去迎接他。

田蚡跟劉安說：「當今皇上沒有太子，大王是高祖的孫子，天下人都知道您是個仁義之人，如果當今皇上駕崩的話，不立您為天子還能立誰呢？」

劉安聽了相當高興，送給田蚡很多金銀珠寶，完全不知道這個田蚡其實只是在拍他馬屁，隨口說說而已。

建元六年（西元前 135 年）的時候，長安城的上空出現一顆大彗星，又有幾個江湖術士對劉安說：「景帝的時候吳楚起兵，天上曾經出現過彗星，後面的尾巴也不過幾尺而已，那一場戰爭卻死傷慘重；這一次的彗星大多啦！尾巴長得好像橫貫整個天空一樣，恐怕要有更大的戰亂。」

劉安心裡想，武帝這時候還沒有兒子，一旦真的天下大亂，天下的諸侯都會來搶奪皇位，那

時，誰想當皇帝就得靠實力了。於是他暗中累積力量，買了很多兵器，還派自己的女兒劉陵到長安收買武帝身邊的大臣，探聽消息。劉陵年輕漂亮，又很能言善道，帶了許多金銀珠寶，很快的幫劉安收集到不少情報。

　　淮南王密謀造反的消息不久就走漏了風聲，某天，淮南王宮的近衛官雷被跟劉安的兒子劉遷比劍，不小心把劉遷弄傷了，劉安生氣的責備雷被，還把他撤職，雷被氣炸了，乾脆跑去跟武帝密告淮南王要造反的事。

　　朝中的大臣聽到淮南王要造反，一致認為要處死劉安，但是武帝不許。為了證實這件事情，武帝派主管長安治安的中尉段宏去調查事情的真相。段宏到淮南國之後，都還沒開始調查，劉安的兒子劉遷就安排了一批刺客在旁邊虎視眈眈的，心想如果朝廷

派來的人太囂張，他們就會立刻殺死他。

　　段宏好不容易結束任務回到長安，向武帝報告整件事情。朝中的大臣聽到段宏的報告之後，紛紛要求立刻把劉安斬首，但是武帝卻不同意，大臣又要求削掉劉安五個縣，武帝又說:「這樣太多了吧！朕看削掉兩個縣就好了。」

　　但是當詔書下來之後，劉安發現自己被削掉兩個縣，心裡很不痛快，乾脆將造反行動化暗為明。

　　武帝對劉安這麼好，讓朝中的大臣實在很不明白，武帝回答他們說:「淮南王在這群宗室中很有威信，又是朕的叔父，他又喜歡讀書寫文章，一下子懲罰得太重，會引起其他諸侯的不滿，朕要做到仁至義盡，讓他們無話可說。當然，如果這個叔父再圖謀

不軌的話，就不要怪朕不客氣了！」武帝做事情果然是很有規劃的。

這個劉安想當皇帝實在是想瘋了，只要有從長安到淮南來的人，劉安就會把他叫來問問朝中的事情，如果來的人說朝廷治理得很好，武帝有兒子了，他就會很生氣，認為對方胡說；如果來的人說朝廷治理得很糟，武帝還沒有兒子，他就會十分高興。這時候已經是元朔五年（西元前 124 年）了，其實武帝的兒子劉據都五歲了。

劉安還做好了登基要用的玉璽，以及丞相、御史大夫、文武百官的印章，還制訂了謀反的計畫，這一切都在武帝的掌握中，他老早就派人調查得清清楚楚了。

元狩元年（西元前 122 年），劉安和衡山王劉賜終於謀反了，武帝一

接到情報，立刻派廷尉率領軍隊包圍淮南王宮，把劉安跟他的同黨一網打盡，後來劉安跟劉賜兩人自殺了，參加謀反的人也都被處死。根據史書的記載，因為這次事件而被殺的有好幾萬人呢！

後來，劉安和劉賜的封地都被取消了，武帝在那裡設置了九江郡及衡山郡，由中央來管理，更強化了中央的力量。

廣開財源振興經濟

　　武ᵘ帝ᵈ除ᶜʰú了ˡᵉ在ᵗˢⁿ政ᵘ治ᵘ上ˢʰ、學ᵘᵉ術ˢʰ上ˢʰ有ʸ出ᶜʰú色ˢᵉ的ᵈ成ᶜʰⁿ就ᵘ之ᵘ外ʷⁿ，他ᵗⁿ在ᵗˢⁿ經ᵘ濟ᵘ上ˢʰ也ʸᵉ制ᵘ訂ᵈ了ˡᵉ許ˣú多ᵈ政ᵘ策ᶜᵉ和ʰᵉ法ᶠⁿ令ˡⁿ，增ᶻⁿ加ᵘⁿ朝ᶜʰ廷ᵗⁿ的ᵈ財ᶜⁿ政ᵘ收ˢʰ入ʳú，讓ʳⁿ百ᵇⁿ姓ˣⁿ的ᵈ生ˢʰ活ʰ更ᵍⁿ加ᵘⁿ安ⁿ定ᵈⁿ。

　　中ᵘʰ國ᵍ自ᵘ古ᵍú以ʸ來ˡⁿ的ᵈ傳ᶜʰ統ᵗ就ᵘ是ˢʰ以ʸ農ⁿ立ˡ國ᵍ，農ⁿ業ʸᵉ對ᵈ中ᵘʰ國ᵍ人ʳⁿ來ˡⁿ說ˢʰ相ˣⁿ當ᵈⁿ重ᶜʰ要ʸ，武ᵘ帝ᵈ對ᵈ農ⁿ業ʸᵉ的ᵈ最ᵘ大ᵈⁿ貢ᵍ獻ˣⁿ，就ᵘ是ˢʰ興ˣⁿ修ˣ水ˢʰ利ˡⁱ，讓ʳⁿ水ˢʰ走ᵘ在ᵗˢⁿ該ᵍⁿ走ᵘ的ᵈ河ʰᵉ道ᵈ上ˢʰ，不ᵇú會ʰ到ᵈ處ᶜʰú亂ˡ流ˡ造ᵘ成ᶜʰⁿ水ˢʰ災ᵘⁿ，又ʸ可ᵏᵉ讓ʳⁿ農ⁿ田ᵗ得ᵈᵉ到ᵈ灌ᵍ溉ᵍ的ᵈ水ˢʰ源ʸⁿ，增ᶻⁿ加ᵘⁿ農ⁿ作ᵘ物ʷ的ᵈ收ˢʰ成ᶜʰⁿ，百ᵇⁿ姓ˣⁿ可ᵏᵉ以ʸ過ᵍ著ᵘʰ豐ᶠⁿ衣ʸ足ᵘú食ˢʰ的ᵈ生ˢʰ活ʰ。

　　武ᵘ帝ᵈ的ᵈ水ˢʰ利ˡⁱ建ᵘ設ˢʰᵉ朝ᵘʰ兩ˡ個ᵍᵉ方ᶠⁿ面ᵐⁿ，第ᵈ一ʸ是ˢʰ根ᵍⁿ治ᵘ黃ʰⁿ河ʰᵉ水ˢʰ患ʰ；第ᵈ二ᵉ是ˢʰ修ˣ建ᵘ灌ᵍ溉ᵍ系ˣⁱ統ᵗ。

　　建ᵘ元ʸⁿ三ˢⁿ年ⁿ（西元前 138 年）的ᵈ時ˢʰ候ʰ，黃ʰⁿ河ʰᵉ氾ᶠⁿ濫ˡⁿ，大ᵈⁿ水ˢʰ淹ʸⁿ沒ᵐᵉ了ˡᵉ老ˡ百ᵇⁿ姓ˣⁿ的ᵈ家ᵘⁿ園ʸⁿ，也ʸᵉ淹ʸⁿ沒ᵐᵉ了ˡᵉ很ʰⁿ多ᵈ農ⁿ地ᵈⁱ，老ˡ百ᵇⁿ

姓沒東西吃，也沒地方住，生活非常痛苦。

　　為了解決黃河氾濫的問題，武帝派汲仁、郭昌兩位官員率領工人圍堵黃河的瓠子決口，武帝還親自到現場，監督治水工作，投了珍貴的白馬和玉璧到河中，表示對河神的敬畏。

　　為了顯示他治水的決心，武帝命令將軍以下的官員都要參加治水，在大家共同努力之下，不久之後，就填滿了瓠子決口。當工程完工的時候，軍民百姓都很開心，四周不斷響起「陛下萬歲！」的歡呼聲，武帝也高興得笑容滿面。

　　後來，武帝在這個河口修建兩個渠道，引導河水向北方流，讓河水有地方宣洩，這樣就不會到處亂流，造成水災，終於解除了水患。瓠子大堤修築完成之後，武帝又派人在大堤上建造一

座「宣防宮」作為紀念。

武帝是中國歷史上第一位親自到現場指揮治水的皇帝！以前的皇帝都沒有這樣做過，在中國歷史上意義相當重大，武帝治水成功之後，那個地方八十年都沒有發生過大水災。

武帝也很注重水利建設，在他的支持和倡導下，全國各地開始開闢人工渠道，引導水源到需要灌溉的農地裡，逐漸形成有系統的水利灌溉網絡，這樣農田裡的稻子就不怕沒水喝了。

元光六年（西元前 129 年）的時候，武帝批准大司農鄭當時「穿渭為渠」的建議，就是打通渭水讓它變成人工渠道，經過三年的工程之後，渭渠順利的完成。

不只如此，武帝還命人鑿井取水，但是讓每個井的底部相通，與建一個人工渠道，叫做龍首渠。這個人工渠道完工之後，

既能夠方便交通運輸，又可以當作灌溉農田的水源，一舉兩得，真的相當實用。這個偉大的工程耗費十多年的時間，不僅創下中國歷史上將井做成人工渠道的壯舉，累積了開鑿豎井的施工經驗，在工程學跟水利學上都具有重要的意義，後來這種技術還傳到新疆地區，叫做「坎兒井」。

元狩三年（西元前 120 年）的時候，武帝嘉獎了一個叫做卜式的人，因為卜式主動捐錢幫助官府鞏固邊疆。卜式是河南人，他將家產的一半無條件的捐獻出來，用來幫助朝廷消滅匈奴，後來朝廷跟匈奴作戰缺錢的時候，卜式又拿出二十萬錢幫助國家，武帝知道之後相當感動，馬上拜卜式為中郎，並給他十頃的田地。

當時，有很多有錢人都把他們的錢藏起來，只顧自己，不管國家的處境，武帝特別把卜式的

義行公告天下，希望能夠透過這件事情鼓勵更多有錢人捐錢給政府。漢朝對匈奴征戰到後來，讓國家的財政有點吃緊，雖然以前的皇帝存了很多錢，不過武帝也花得差不多了，為了增加國家的收入，武帝明確的規定放高利貸的人、囤積貨物哄抬物價的人、做生意的人以及手工業者這些不同工作類型的人，要繳納給國家的錢也不一樣，以確定國家的稅收。

武帝在經濟上還有一件創舉，就是把煮鹽、冶鐵及釀酒，這三個當時最賺錢的行業，收回來讓國家經營，我們接下來看看武帝如何讓這三個行業變成國家財政收入的重要來源。

從高祖時代開始，把生產鹽、鐵的權利讓給地方諸侯，讓很多奸商賺了大把銀子，變成有錢人。商人賺了很多錢，卻不肯

捐錢幫助國家，武帝覺得事態嚴重，開始想辦法改變這個狀況。

元狩三年（西元前 120 年）的時候，武帝聽了鄭當時的建議，決定由國家來控制鹽、鐵的生產和販賣；元狩四年（西元前 119 年），武帝任用了東郭咸陽和孔僅這兩個人，請他們幫忙管理鹽、鐵事務，這兩個人的來頭可不小，他們以前經營鹽、鐵業很成功，所以變成有錢的商人。武帝充分利用他們的商業才華，將他們從地方上找來幫政府做事情。

這兩個人建議政府雇用百姓煮鹽和冶鐵，政府可以提供主要的工具，如果有人背著政府私自煮鹽或冶鐵的話，就要剁掉他的左腳趾，沒收他的器物，重重的懲罰。

鹽、鐵專賣計畫提出之後，遭到不少人反對，那些依靠經營鹽、鐵發財的商人反對最為激

烈，但是武帝的態度很堅決，他不理會那些反對的意見，仍然繼續實施他的計畫。

元狩六年（西元前 117 年），武帝派東郭咸陽和孔僅兩人到各地籌備專賣機構，挑選對鹽、鐵事務有經驗的人擔任鹽官和鐵官。以前有一個慣例，商人跟他們的小孩是不能當官的，因為人們覺得商人做生意不老實，賺了很多黑心錢。但是武帝更改不准商人當官的禁令，任用一批有錢的商人擔任鹽官和鐵官。

這樣的作法其實很大膽，因為這些商人都很熟悉鹽、鐵方面的事情，讓他們來擔任這個職務是最適當的，一方面這也是一種妥協，武帝希望任用這些商人當官，換取這些人對鹽鐵政策的支持，這一招的確是高招！

天漢三年（西元前 98 年），武帝還進一步下令實施酒類的專賣，國

家統一釀造和販賣，禁止民間私自釀酒。

挑選酒來當作第三個國家專賣的行業，其實是很有眼光的。因為很多窮苦的百姓喝不到酒，但是有錢人家裡卻少不了酒，將酒類當作專賣的物品，等於是向有錢人徵收一筆特別稅，卻不會影響老百姓的生活，武帝這項措施穩穩的讓國家的財政收入持續向上攀升，增加了國家的經濟實力。

武帝的經濟政策會這麼成功，最主要的原因就是他大膽任用了東郭咸陽、孔僅及桑弘羊這些財經專家，他們不僅幫武帝制訂了鹽、鐵、酒的專賣制度，又設計了「均輸」、「平準」兩種辦法，為國家開闢財源。

什麼是「均輸法」跟「平準法」呢？

元鼎二年（西元前 115 年）的時候，

武帝採納桑弘羊的建議，頒布「均輸法」。

均輸法就是由朝廷統一各州郡應該繳納的租稅，拿來購買當地生產的物品，國家再將這些物品運到京師集中保管，然後轉運到缺貨的地區，按照當時貨物的平均價格出售。這個方法，不但可以促進物品流通，也可以買進國家真正需要的東西；物資直接由中央統一支援地方，可以省掉許多補充和採買的人力和金錢，可以說是一舉數得。

桑弘羊又制訂了互相配合的辦法，叫做「平準法」，朝廷控制了大量的物資之後，在市場貨源較少而物價較高的時候，把它們賣出去；當市場貨物較多價格較低的時候，又盡量買進來儲存，用這樣的方法平抑物價，讓投機取巧的商人不能夠從中賺取暴利，朝廷也賺了不少錢。

透過均輸法和平準法，國家的錢又迅速的增加，朝廷不需要增加百姓的稅收，國庫就能有穩定的收入，這個方法的確很厲害！

武帝規劃的經濟政策幾乎都是針對有錢人制訂的，雖然武帝用了一些商人當官，但是整體來說，還是限制了工商業者的發展，將經濟大權收回中央，有些小型工商業者回到了農業的老本行，農民也不用離鄉背井到外地討生活，這些政策帶有重農抑商的性質，自然也壓抑了一些有錢商人的氣焰，讓百姓更能夠安居樂業。

5

遠征匈奴

　　武帝會被後人稱做武帝，是因為他在戰事上的豐功偉績，在他所有的武功成就當中，最壯觀的就是對匈奴的戰爭。

　　匈奴是居住在北方的遊牧民族，以畜牧為業，逐水草而居，騎兵相當利害。匈奴不擅長農耕，所以常常入侵中國北部和西北地區，搶劫漢人的農產品、絹、綿、家畜及良家婦女，從早期的東周時代，到秦朝、漢朝，匈奴一直是中國對外關係上最棘手的問題。

　　秦朝統一天下之後，為了阻擋匈奴入侵，秦始皇曾經修建工程浩大的萬里長城，還派蒙恬率領大軍進攻，迫使匈奴的勢力退縮到內蒙古，不過這是自古以來中國贏過匈奴的唯一一次，大多

數的時候，中國在匈奴面前，不是只能任他侵掠，就是必須用豐富的禮物或和親政策來換取和平，匈奴成為中國歷朝統治者最大的困擾。

匈奴最強盛的時期是冒頓單于的時候。「單于」是匈奴皇帝的稱號，冒頓發動政變，推翻他的父親頭曼單于，成為匈奴的新單于。冒頓單于統一匈奴之後，又向西邊進攻，攻下月氏國，又消滅丁零國，控制整個蒙古地區，還多次派兵進攻西北部的山區。

那時正是漢高祖剛建國的時候，因為跟楚霸王項羽激烈的戰爭才結束，國力很弱，沒有力氣抵抗匈奴，但是眼看匈奴步步逼近，也不能坐視不管。漢高祖七年（西元前 201 年）的時候，冒頓單于在雲中和代郡設置「單于之庭」作為集會的地點，有向漢朝示威的

意思，高祖忍耐不住，決定發兵進攻匈奴。可惜出師不利，才剛登上白登山而已，冒頓就趁著高祖率領的三十二萬步兵還沒有全部抵達之前，出動四十萬騎兵將高祖包圍在山上，高祖被包圍了七天七夜，對外聯繫全被切斷，沒有援軍也沒有糧草，孤立無援。

　　高祖為了脫困，只好聽從陳平的建議，暗中派使者送給冒頓的夫人很豐盛的禮物，希望她能幫忙說點好話，讓單于放他們一馬。幾番折騰之下，高祖好不容易才脫險，狼狽的回到中原，讓他再也不敢輕舉妄動。之後，他派劉敬出使匈奴，還將公主嫁給冒頓單于，每年送給匈奴很多絹、綿、米、酒這類的禮物，總算是跟匈奴結成親戚關係，後來的人將這次事件稱為「平城之困」，這件事情也讓漢朝很沒有

面子。

沒多久又發生了冒頓單于寫信給呂太后的事情。

那時，高祖剛逝世不久，漢朝由呂太后執政，冒頓不但經常入侵漢朝的邊境，還寫了一封很沒禮貌的信給呂太后，呂太后氣得想要攻打匈奴，但被身邊的大臣勸退了。因為當時漢朝的力量沒有那麼強，如果雙方打仗的話，漢朝一定會輸，呂太后沒有辦法，只能維持屈辱的和親政策，勉強維持兩國的和平。

接下來文帝、景帝在位時都是這樣的局面，就連武帝剛登上帝位的時候，漢朝和匈奴的關係也是這樣。

但是這位有魄力的年輕君主，不會讓這樣的情形一直持續下去。武帝知道，如果繼續用和親政策只會讓匈奴更驕傲，更看不起漢朝，所以必須用武力討伐

對抗才能徹底解決匈奴的問題。

武帝心裡盤算著漢朝的優勢，文帝、景帝在位的時候，屬行節儉，國家已經累積了大筆的財富，經濟實力很雄厚，打仗所需的錢不是問題，剩下的關鍵是選拔能夠擔當軍事大任的人才，那麼該找誰上戰場呢？這當然難不倒聰明的武帝，他很快的發揮了知人善任的才能。

建元二年（西元前 139 年），漢軍在邊境跟匈奴發生了一些摩擦，雙方一言不合打了起來，後來漢軍抓到幾個俘虜，將他們的口供送到長安，上面寫著：「匈奴討伐大月氏，殺了大月氏王，大月氏王的頭蓋骨被做成酒杯，匈奴拿頭蓋骨做成的酒杯喝酒，讓月氏國民懷恨在心，想找同盟國對匈奴採取報復行動。」

這真是太好了！武帝看了口供之後心裡萌生一個想法，他打

算跟大月氏結盟，讓漢朝從東邊，大月氏從西邊，共同夾擊匈奴，這是以前任何一個軍事家都不曾想到的策略，武帝的軍事謀略實在是很令人佩服。

可是，要派誰到大月氏去呢？大月氏在西域，這個地方對漢朝來說實在是遙遠而陌生，如果想去西域，必須從隴西出發，渡過黃河，穿過河西走廊，這是必經之路，只有這條路才能抵達，可是這裡也是匈奴的所在地，雖然當時匈奴與漢朝有和議，可是匈奴很難讓人相信啊！萬一中了暗算怎麼辦？

要去大月氏，首先要衝過匈奴的陣地，衝過之後，後面還有一段漢人沒有去過的廣闊土地，這一去不知道是吉是凶，實在是一個很大的冒險。

隔天，武帝找來所有的文武官員，討論派人到月氏國這件事

情，武帝對大臣們說:「朕打算派使節前往大月氏，有誰願意承擔這個責任呢?」

當場只見大臣們你看我，我看你，面面相覷，就是沒有人願意當自願者。

「真的沒有人願意嗎?」武帝不死心的又問了一次。

就在四周一片靜悄悄的時候，突然有個聲音傳了出來:「要是可以的話，臣願意前往大月氏!」

這個人的聲音相當響亮，群臣的目光都轉移到這個年輕人的身上。說話的人叫做張騫，漢中人，當時才二十六歲，雖然擔任郎中已經兩年了，但還只是個小官吏而已。

聽到張騫自告奮勇願意出使月氏國，武帝剛開始覺得意外，因為張騫實在是太不起眼了，武帝想了又想，那個平常總是面帶

微笑的張騫，從來就不愛出風頭，為什麼這次要毛遂自薦到大月氏呢？

「你決定要為朕出使大月氏嗎？」武帝懷疑的問張騫。

「是的，如果皇上認為臣可以的話。」張騫恭恭敬敬的回答武帝。

「但是這一趟非常辛苦和危險！」武帝又說：「你還是再考慮一下吧。」

「臣不怕，臣已經考慮過了。」

張騫是個很有冒險心的人，到西域的意願相當強烈，武帝看了看眾大臣，其他官員都躲得遠遠的，只有張騫願意身先士卒，武帝很佩服張騫的勇氣，於是就答應了他。

武帝親自將代表漢朝皇帝使者的旌節遞給張騫，並且幫他找了一個嚮導叫做甘父。

　　因為武帝的成全，張騫踏上了對他的人生來說相當重要，對整個中國歷史來說更有重大意義的「鑿空」之旅。至於他的未來會是如何呢？我們先賣個關子。

　　回到匈奴這邊。

　　建元六年（西元前 135 年），匈奴的單于又派使者來請求和親，雖然武帝心裡已經下定決心要討伐匈奴，但真的要動手的話，還是徵求一下大臣們的意見比較好，於是武帝找來文武官員一起開會，想問問大家的想法。

　　官員王恢從小生長在北方，曾經親身感受過匈奴侵擾帶來的災難，他對武帝說：「我們已經跟匈奴和親好幾次了，每次都維持不了幾年，匈奴就背叛盟約，我認為這次應該要拒絕和親，主動攻擊匈奴！」

　　但是御史大夫韓安國卻持反對意見：「匈奴人逐水草而居，哪

邊有糧食就到哪邊去，行蹤實在不容易掌握，要制服他們真的很難啊！我們的軍隊如果要跟他們搏鬥，到北方的時候人跟馬都累死了，哪裡還有力氣打仗？到時如果匈奴趁機反攻的話，那我們就危險了，我看還是和親好了。」

韓安國是個老資格的朝廷重臣，大部分官員都附和他的意見，武帝看到這樣的情形，沒有辦法，只好先按捺住主動攻擊匈奴的想法，勉強同意暫時和親，靜待時機到來。

不過武帝並沒有等太久，元光二年（西元前 133 年），機會來了，武帝終於踏出主動出擊的第一步。

這一年，馬邑有個富豪叫做聶壹，他透過王恢向武帝提出一個計策，就是引誘單于占領馬邑，到時再讓朝廷的軍隊在旁邊埋伏，趁機包圍匈奴消滅他們。

武帝採納了他的計策，聶壹

按照計畫從死牢裡挑選了兩個犯人，砍下他們的頭，掛在馬邑城門上，告訴匈奴這是縣令、縣丞的腦袋，單于看了之後相信了，立刻率領十萬大軍準備占領馬邑，這時武帝的三十萬兵馬埋伏在馬邑附近的山谷中，早準備突襲匈奴。

但是當匈奴的軍隊走到離馬邑一百多里的時候，單于看見滿山遍野的牛羊卻沒人看管，感到相當困惑。

這麼多的牛羊怎麼都沒有人放牧呢？這是怎麼回事？單于當下感到懷疑，認為其中一定有詐。

正當單于在疑惑的時候，匈奴抓到一個漢軍，這個漢軍怕死，居然把漢朝的計畫全部都說了出來，單于聽了之後大吃一驚，拍著胸脯直說：「真是上天要幫助我啊！」軍隊很快的退走了，

這一次的誘敵政策沒有成功。

馬邑之謀失敗讓武帝臉上無光，更堅定了要打敗匈奴的決心，武帝開始拒絕與匈奴和親，匈奴也更頻繁的入侵漢朝邊境，漢朝與匈奴算是正式決裂了。

竇太皇太后離開人世，這對於武帝對匈奴採取積極的政策有很大的好處，竇太皇太后一直將文帝和景帝對匈奴的政策奉為最高原則，反對武帝用武力討伐匈奴，因此前幾年武帝還不敢輕舉妄動，等到竇太皇太后去世，武帝就開始實行自己的理想了。

武帝對匈奴的戰爭，最重要的兩位將領，一個叫做衛青，一個叫做霍去病，都是歷史上赫赫有名的戰將。

衛青，字仲卿，河東平陽人，他的母親是平陽公主的女僕，平陽公主是漢武帝的姐姐。衛青的母親在丈夫死後到平陽公

主家中幫傭，與縣吏鄭季生了衛青。後來，他的母親因為養他非常辛苦，就把他送到親生父親那邊去。鄭季的元配夫人很看不起衛青，鄭家的幾個兒子也不把衛青看成兄弟，動不動就打罵他，衛青小時候吃了不少苦。

等到衛青長大之後，不願再受鄭家的歧視，便回到母親身邊生活。平陽公主看到衛青已長成一個相貌堂堂的男子漢，非常的喜歡，就讓他做了自己的騎奴，每當公主出門的時候，衛青就騎馬跟在她身後。衛青相當聰明好學，跟在公主身邊漸漸學到一些知識，也越來越成熟。

建元二年（西元前139年）的春天，衛青同母異父的姐姐衛子夫被武帝選入宮中，衛青也被召到建章宮當差，這是衛青命運的一大轉捩點。

衛子夫入宮不久就懷孕了，

讓陳皇后很嫉妒。陳皇后就是小時候跟武帝定親的陳阿嬌，與武帝成親後被立為皇后，但一直不能為武帝生下兒子，她怕萬一衛子夫生下男孩，那就會被立為太子，衛子夫也會成為皇后，對她是一個很大的威脅。

但是，衛子夫很得武帝寵愛，陳皇后不敢對她怎樣，就跑去找母親館陶公主訴苦。館陶公主為了幫女兒出氣，故意嫁禍給衛青，隨便找了一個藉口，把衛青抓了起來準備處死。衛青的好朋友公孫敖聽到了消息，找了幾個壯士好不容易一把衛青救了出來，公孫敖還派人送信給武帝，報告整件事情的經過，武帝知道之後相當憤怒，乾脆任命衛青當建章宮的宮監；不久，漢武帝封衛子夫為夫人，又將衛青升為太中大夫。

元光六年（西元前 129 年），匈奴大

舉入侵漢朝邊境，眼看就要接近上谷了，武帝果斷的派衛青帶領軍隊迎擊匈奴，從此之後，衛青踏上了戎馬生涯，先後建立了很多戰功。

武帝的策略是派四個將領，讓他們各率領一萬名騎兵出征，衛青從上谷出發，公孫敖從代郡出發，公孫賀從雲中出發，李廣從雁門出發。

當時衛青雖然是第一次帶兵出征，但是他相當英勇善戰，沒多久就直搗匈奴的龍城。龍城是匈奴祭拜天地祖先的地方，對匈奴來說是很重要的據點，那一戰衛青殺了七百個敵軍，另外三路人馬沒有成果，只有衛青打了勝仗。

漢武帝看到只有衛青凱旋歸來，所以對他非常賞識，特別加封衛青為關內侯。

漢朝反擊匈奴，讓匈奴更激

烈的侵略漢朝邊境。元朔元年（西元前 128 年）秋天，匈奴攻破遼西，殺死遼西太守，又打敗漁陽守將韓安國，俘虜兩千多名漢朝百姓。武帝派李廣鎮守右北平，匈奴避開李廣從雁門關進攻，武帝又派衛青出征，從背後襲擊匈奴。

衛青果然沒有讓武帝失望，他率領三萬名騎兵趕往前線，身先士卒奮勇殺敵，將士們更是勇往直前，斬殺、俘獲匈奴數千人，匈奴大敗逃走，漢軍得到空前的勝利。

元朔二年（西元前 127 年），武帝決定派衛青進攻匈奴盤踞很久的河南地*。河南地是漢朝和匈奴雙方必爭之地，因為那裡距離漢朝京城長安比較近，匈奴占據它便可以威脅漢朝，漢朝為了不被匈奴威脅，一定要收復河南地。

衛青採用迂迴的戰術，從西邊繞到匈奴軍隊後方，攻占高

關，切斷匈奴白羊王、樓煩王與單于的聯繫。然後，又進攻隴西，將他們包圍，白羊王和樓煩王嚇得慌忙逃走，漢軍活捉好幾千名匈奴人，搶奪一百多萬頭牲畜，完全控制了河南地。

這一帶水草肥美，形勢險要，是很重要的戰略基地，武帝就在這裡修築朔方城，設置朔方郡、五原郡，遷徙十萬名漢朝百姓到此地定居，還修復秦朝蒙恬建築的邊塞及沿河的防禦工程，不但解除了匈奴對長安的威脅，也建立了防禦匈奴的基地。

匈奴因為失去河南地很不甘心，一直想要重新奪回去，幾年內又進攻漢朝很多次，都被漢軍擋了回去。這時候剛好王太后去世，武帝正在為母親辦喪事，古禮雖然規定皇帝不必為父母守喪三年，可是孝順的武帝在王太后

＊即現在的河套地區。

去世兩年內一直忍著，沒有對匈奴進行反擊。

直到元朔五年（西元前 124 年）春天，武帝又命令衛青率領軍隊進攻匈奴。

匈奴的右賢王知道漢朝的軍隊就快來了，但是他心想大概還在很遠的地方，不可能這麼快就到，他放鬆了警戒，每天在軍營裡飲酒作樂，完全沒想到衛青會趁黑夜進攻。

當衛青攻進來的時候，右賢王還擁著美妾暢飲美酒，突然聽到營帳外面殺聲震天，把他嚇得驚慌失措，連忙帶了幾百騎兵殺出重圍逃走，衛青俘虜了營帳中剩下的人，也接收了匈奴留下來一百萬頭的牲畜，漢軍在這場戰役中大獲全勝。

衛青打勝仗的消息傳到長安，武帝非常高興，還沒等到衛青回來，就迫不及待的封衛青為

大將軍，還派使者帶著「大將軍印」到邊境去慰勞衛青，衛青回長安之後，還為他舉行了相當盛大的歡迎儀式。

在歡迎的儀式上，武帝氣宇軒昂充滿勝利的快感，喜悅的武帝還親自倒酒給衛青，宣布說：「光是封衛青當大將軍還不足以表彰他的戰功，朕決定再加封他食邑八千七百戶，所有將領都歸他指揮，他的三個兒子都封為列侯。」衛青的三個兒子中有一個還只是小娃娃呢！也被武帝封為列侯，可見武帝有多開心。

只是衛青非常謙虛的推辭了，他說：「微臣有幸在軍隊中服務，仰仗陛下的神威讓軍隊獲得勝利，這全是將士們拼死奮戰的功勞。陛下已經加封微臣食邑了，微臣的兒子年紀還小，一點功勞也沒有，陛下封他們為侯，還賜土地給他們，他們怎敢接受

呢？這樣是無法鼓勵將士的。」這番話讓武帝相當佩服，也從善如流，大大的獎賞了跟著衛青出生入死的將士。

雖然遭受漢朝幾次猛烈的攻擊，匈奴依然相當猖獗。

元朔六年（西元前 123 年），武帝又派衛青攻打匈奴，由他統率軍隊，公孫敖為中將軍，公孫賀為左將軍，趙信為前將軍，蘇建為右將軍，李廣為後將軍，李沮為強弩將軍，分別率領六路大軍。

在這次戰役中，有一位十八歲的年輕將領表現出驚人的軍事才能，他就是衛青的外甥霍去病。霍去病首次參加戰役，只率領八百騎兵深入敵陣，竟然大獲全勝，俘虜了單于的祖父、叔叔及許多匈奴重要首領，殲敵兩千多人，戰果輝煌。霍去病回到京師之後，武帝相當開心，封他為「冠軍侯」，後來又加封為車騎

將軍。

這次的戰役中，右將軍蘇建跟著衛青出征，他率領的三千人馬被數萬名匈奴包圍，死傷慘重，跟他並肩作戰的前將軍趙信本是匈奴降將，兵敗後又投降了匈奴，只有蘇建一個人逃了回來。

衛青召集各方的將領討論該如何處置蘇建，有人建議將他斬首，建立大將軍的威嚴，衛青卻認為自己身為皇親國戚，沒有必要再建立威嚴，應該把蘇建送回長安由武帝親自處置。回到長安之後，衛青老實的跟武帝報告整件事情的經過，武帝赦免了蘇建的死罪，要他交納贖金後貶為平民。

衛青本來有權力自己處決部將，卻沒有隨便殺人，做了身為人臣沒有專權的好榜樣，這次的戰役整體來說雖然獲得很大的勝

利，可是因為蘇建的失敗和趙信的投降，衛青並沒有得到什麼封賞。

衛青回到長安之後，有一個叫做寧乘的人求見衛青，要求跟衛青密談。衛青摒退了身邊的奴僕，問他說：「究竟有什麼事情呢？」

寧乘說：「將軍的姐姐衛皇后雖然現在很好，可是宮裡有一個王夫人正受到皇上的寵愛，您知道嗎？」

衛青說：「聽說過，可是我沒注意。」

寧乘接著又說：「大將軍，您現在地位崇高，又有萬戶的食邑，這固然是因為您戰功彪炳的關係，但不可諱言的，也是沾了皇后的光。為了大將軍著想，聽說王夫人的父母還不太寬裕，也沒有得到什麼封賞，您可以先送黃金給他們家，這樣王夫人也會

變成您的支持者，在皇上面前為您說好話。」

衛青覺得寧乘的話很有道理，立刻做出決定：「這件事情就馬上辦吧！」

不久之後，衛青派人送了五百斤黃金到王夫人父母的家中。

武帝知道這件事情之後，把衛青找來，一見到衛青就衝著他笑說：「你這個人，也學會送人金子了？」

衛青被問得很不好意思，他知道武帝的眼光比他銳利多了，反正瞞也瞞不住，乾脆就實話實說了。武帝聽了又是一陣笑。

衛青說：「陛下天資睿智，把臣的一舉一動都看透了。」

可見武帝雖然貴為天子，但是千萬別想欺瞞他，武帝可是每件事情都清清楚楚的！

元狩二年（西元前 121 年），武帝又再度下令攻打匈奴，這次由霍去

病當主將，他奪得祁連山和河西走廊，讓漢朝完全控制河西地區，切斷了匈奴與羌人的聯繫。

　　這年秋天，因為害怕漢朝的力量，匈奴渾邪王及休屠王打算投降漢朝，武帝命令霍去病去接受投降。正當霍去病準備接受投降的時候，休屠王居然後悔了，渾邪王怕事情有變故就把他殺了，自己迎接漢軍的到來。當渾邪王的軍隊接近漢軍的時候，部分匈奴兵感到害怕，居然掉頭就跑，讓霍去病大吃一驚，連忙問渾邪王是怎麼回事，一問之下才知道原來匈奴發生了內訌，霍去病查出總共跑走了八千人，將他們抓回來之後全部都斬首了。

　　武帝把投降的匈奴人遷徙到隴西、北地、上郡、朔方、雲中五郡，稱為「邊地五屬國」，此後，金城河西一帶再沒有匈奴人活動了。

　　兩年之後，為了徹底擊潰匈奴的主力，漢武帝集中全國的財力、物力，準備對匈奴發動更大的攻勢，武帝認為：「匈奴單于採納趙信的建議，遠走沙漠以北，就是認定我們漢軍無法穿越沙漠，即使穿越了也不敢多作停留，這次我們要發動更強烈的攻勢，一舉消除匈奴的威脅。」

　　武帝挑選了十萬匹精壯的戰馬，由衛青、霍去病各率領五萬人，分別從東、西兩路出征，為解決糧草供應問題，漢武帝又動員了私人馬匹四萬多匹，步兵十多萬人負責運輸糧草。

　　衛青大軍往北走了一千多里，越過炎熱的沙漠，終於跟匈奴軍交兵。衛青臨危不亂，命令部隊用戰車環繞成一個堅固的陣地，派出五千名騎兵向敵陣攻擊，匈奴派出一萬名騎兵迎戰，雙方戰況非常慘烈。

　　後來單于發現漢軍很多，而且士氣相當高昂，知道這一次是贏不了了，慌忙上馬想奮力突圍，衛青知道單于突圍逃走的消息，馬上派騎兵追趕。匈奴兵不見了單于，軍心大亂，各自四散逃命。衛青的軍隊一直前進到真顏山趙信城，獲得匈奴屯積的糧草補充軍用，休息一天之後班師回朝。

　　霍去病率領的東路軍，則是遇到匈奴左賢王的軍隊，經過激烈的戰爭之後，俘獲了匈奴三個小王以及高級將領，消滅七萬多人，左賢王則趁亂逃走了。

　　這次戰役，漢軍打垮了匈奴的主力軍隊，讓匈奴元氣大傷，從此以後，匈奴逐漸向西北遷徙，匈奴對漢朝的威脅基本上是解除了。

　　軍隊打勝仗回到長安之後，武帝為了慰勞和表彰霍去病，要

為他蓋一座將軍府，武帝對霍去病說：「你應該有一座很氣派的房子，建一個體面的家。」

霍去病回答說：「匈奴都還沒消滅，怎麼能夠成家呢？」武帝聽了這句話，開懷大笑，為有這樣一心一意為國家著想的將軍感到自豪。之後，武帝就更信任霍去病了，他的地位和大將軍衛青幾乎要平起平坐了。

衛青、霍去病，再加上受寵的衛子夫，衛氏一門在朝廷中簡直是顯赫得不得了，京城中有歌謠說：「生男無喜，生女無怨，獨不見衛子夫霸天下。」意思是說衛氏一門的顯貴全是靠衛皇后。但是其實並不是這樣的，在漢朝時期，左右朝政的外戚大多是靠裙帶關係，但是衛青、霍去病卻是出生入死上場殺敵，為國家貢獻很大，正因為如此，即使後來衛皇后失寵，二人在朝廷的地位也

絲毫不受影響。

　　經過武帝討伐匈奴之後，漢朝跟匈奴的勢力逐漸的拉大了，後來雖然匈奴的勢力又有發展，但是沒有恢復到漢初這麼強大。武帝反擊匈奴，是對中原的經濟、文化的保護，有史學家認為，如果武帝沒有對匈奴進行反擊的話，那麼中國歷史就要倒退了，可見武帝對保護中華文化的功勞有多大呢！

6 開啟絲綢之路

　　那個帶領一百多人前往大月氏尋求結盟的張騫，他的命運又是如何呢？建元三年（西元前 138 年），張騫帶了一百多名部下出發前往大月氏，武帝還給張騫一位胡人嚮導叫做甘父，希望能幫助張騫順利抵達目的地。

　　但是張騫還沒到大月氏，半路就被匈奴捉住了，一關就是十幾年，也在匈奴娶妻生子，但是他並沒有忘記自己的使命，隨時等待機會逃走，即使被軟禁在匈奴，張騫從未間斷過蒐集西域各個國家的資訊，並且一直計畫逃出去的辦法。

　　後來趁匈奴逐漸對他沒有防範的時候，帶著他的妻小和甘父逃了出去。張騫一路跋涉，尋找大月氏的所在地，途中見識到許

多和漢朝不同的風光、人文，還
得到大宛國願意與漢朝互通往來
的好消息。

　　好不容易，張騫終於找到月
氏國。沒想到經過十幾年的時
間，大月氏又找到安居的地方，
不想再對匈奴用兵，只想過和平
的日子。張騫費了一番口舌，大
月氏的國王還是不答應結盟，最
後沒有辦法，張騫只能失望的回
國。只是張騫實在很倒楣，在半
路上又被匈奴捉住了，這次關了
一年多，後來還是趁著匈奴內亂
時逃了出來。

　　元朔三年（西元前 126 年），張騫終
於回國了，跟著他的還有他的匈
奴妻子、兒子以及忠心耿耿的甘
父，那時距離他從長安出發已經
過了十三年了。

　　張騫平安歸國了，不但如
此，他還帶回西域特有的葡萄、
首蓿、胡瓜，在漢朝立刻造成轟

動。武帝聽到失蹤十三年的張騫平安回來了，驚喜得不得了，他一面吃著張騫帶回來的葡萄，一面聽張騫報告出使西域的始末，對於張騫十三年來坎坷的旅程相當感動。雖然張騫對沒有成功說服大月氏結盟的事情感到很愧疚，但是武帝也能夠理解，並沒有遷怒張騫。

　　武帝對張騫的報告很有興趣。這幾年來張騫到過很多地方，有大宛國、大月氏國、大夏國、康居國等，還蒐集了附近幾個大國的各種情報，當時西域地區大約有三十幾個國家，除了他到過的幾個國家之外，他還提供身毒國、安息國及條支國的情況。

　　因為張騫的介紹，西域的情形才開始傳到漢朝，張騫通西域原本是為了軍事外交，雖然任務沒有達成，但是卻帶回了大量的

國際資訊，讓武帝了解在漢帝國之外還有其他國家，引發他經營西域的興趣。

武帝認為，中國是世界的文明中心，是中央大國，應該有更多的恩惠給周邊的國家和民族，把文明和物產賜給他們，這是中國和中國天子的職責，哪怕是遠在萬里之外，必須要經過多次轉譯的偏遠居民，也必須照顧到他們，越是偏遠的地方，越能彰顯大漢的雄威和榮光。

武帝聽了張騫的報告之後，知道在漢朝西邊有許多國家，甚至還有未開發的國家不知道漢朝的存在，可能會想認識漢朝的文明和物產，更何況，西域各國有很多漢朝沒有的珍奇珠寶！他想跟這些西域國家交流。

張騫回國之後，擔任過校尉，跟著衛青出征匈奴，因為張騫對匈奴的風俗民情十分了解，

也很熟悉地理環境。霍去病首次帶兵出征的時候，張騫的知識也發揮了很大的作用，因為他知道水和草在哪裡，所以隊伍沒有斷過食物跟水。由於當時行軍帶的糧食都是牛、羊之類的牲畜，這些都是離不開水和草的。

衛青打了勝仗，張騫也升官為「博望侯」，就是「廣博瞻望」的意思，代表著他對世界有廣泛的觀察，這可不是每個人都能得到的稱號。

後來武帝討伐匈奴左賢王的時候，張騫遲到了，必須受到處罰。他繳納了罰金才免去死罪，並被貶為平民。其實張騫被判死刑卻可以用贖金抵罪，全都是武帝的意思，武帝心裡明白，廉潔的張騫是拿不出這麼多贖金的，於是他讓自己最信任的宦官將贖金準備好幫張騫繳了，因為張騫對西域地理的知識可是武帝不可

或缺的寶藏呢。

武帝每十天就會召張騫進宮，問他一些關於西域的事情，在張騫的建議之下，元狩四年（西元前119年），張騫再次出使西域，希望能夠聯絡烏孫夾攻匈奴。這一次路上並沒有遇到匈奴的騷擾，張騫平安抵達烏孫，向烏孫王遊說夾擊匈奴的策略，但是卻沒有被接受。

那時候烏孫王已經很老了，國內分裂成三派，政局很不穩定，根本無心跟漢朝談結盟的事情。張騫這次出使的目的雖然沒有達成，但是烏孫王對於與漢朝保持友好關係這點倒是相當贊成，張騫一行人要回去的時候，烏孫王還派了十幾個人跟張騫一起到長安參觀，漢朝的文明讓這些烏孫使節大開眼界，也相當震撼。

另一方面，張騫的副使分別

抵達大宛、大月氏、大夏、安息、身毒和其他附近的國家，副使們陸續帶領這些國家的使者回到長安，漢朝終於和西域諸國建立聯繫，打通了中西的交通路線，元鼎二年（西元前 115 年），張騫平安回國之後，由於過度勞累，不久後因病去世。

歷史學家班固把張騫出使西域稱為「鑿空」西域，空是通的意思，「鑿空」西域意思就是說開鑿了通往西域的道路，透過這條道路，西域廣大的地區變成了漢朝領土的一部分。

張騫真的是個很了不起的人，他身材魁梧，強壯有力，毅力堅強，處事果斷，善於發現他人的長處，又能夠獲得別人的信任，據說匈奴和其他少數民族都喜愛他的人品，對他十分信賴。

因為張騫的關係，漢朝設置河西四郡，也就是武威、張掖、

酒泉、敦煌；還攻破樓蘭和姑師這兩個地方；漢朝使者還到西域探查黃河的源頭，他們回來跟武帝報告說，黃河的源頭在于闐國，武帝便將發源黃河的山命名為崑崙山。

以後武帝對西域諸國用兵及出兵南越，使得大漢帝國聲威遠播，西域的國家才開始知道漢帝國的強大，陸續派遣使者來朝貢，同時來往這條交通路線的商人也多了起來，中國的絲綢和漆、玉、銅等物品傳到西域，西域的葡萄、音樂、藝術品也陸續傳到了中國。

這條由張騫所打開的西域之路，後來被稱為「絲路」，因為它是中國絲織品的貿易路線，中國和西方的文化交流也更頻繁了，這都是張騫出使西域所奠定的基礎。

7

胸懷四方

　　除了匈奴和西域之外，武帝的眼光可不僅止於此，他還望向中國的南方和東方。

　　我們先來看南方的狀況。

　　南方的南越歷史發展相當複雜，這地方在秦朝的時候曾經是屬於中國的，秦始皇在這裡設置南海、桂林、象三個郡，但是秦朝末年的時候，南海郡龍川縣令趙陀，趁著中國戰亂沒有時間管理這裡的時候自己稱王了。到了漢高祖的時代，雖然趙陀表面上是以諸侯王的名義歸順漢朝，實際上卻是獨立的，只是每年要進貢兩次罷了，其實並不太把漢朝看在眼裡。

　　等到武帝在位的時候，南越王已經變成趙陀的孫子趙胡了，趙胡死了之後，他的兒子趙嬰齊

繼位。這個趙嬰齊相當大膽，一直不肯到長安晉見漢朝的皇帝，因為他認為，這樣就跟漢朝的諸侯沒有兩樣，那不是降低自己的地位嗎？雖然漢朝一直催促他進京朝拜天子，他卻總是裝病，從沒去過。

元鼎四年（西元前 113 年），趙嬰齊去世之後，他的兒子趙興繼位，武帝派使節到南越催新任的南越王到長安，同時還要他把境內的關卡廢除，讓漢朝到南越的交通可以更順暢。

武帝派去的使節安國少季和趙興的母親摎氏原本是一對戀人，當安國少季到南越之後，兩人居然舊情復燃，南越國的人知道之後都很鄙棄太后，摎氏為了安國少季，極力勸兒子趙興做好入朝的準備，同時也想殺掉反對趙興入朝的丞相呂嘉。沒想到，呂嘉得到南越人民的支持，居然

起兵叛亂，殺掉南越王趙興和太后摎氏。武帝得到消息之後，馬上派兵討伐呂嘉，但是居然被呂嘉打敗了，這可讓武帝很沒面子。

一年之後，不甘心的武帝捲土重來，一口氣派了四位將軍出兵，終於順利打敗呂嘉，呂嘉跟他新擁立的南越王建德一起逃亡，沒多久就被漢軍殺死了。南越的政變終於平定，武帝在南越設置九個郡，治理這一塊廣大的地區。

消滅了南越之後，漢軍又回過頭來滅掉了妨礙漢軍征討南越的西南方小國，其中有一個小國叫做夜郎，因為害怕強大的漢朝，夜郎王還親自到長安朝見武帝，武帝讓他繼續當夜郎的國王。

漢朝的使者跟夜郎王第一次交涉的時候，還發生了一件趣事。

　　有一次漢使者向夜郎王介紹漢朝的文化及歷史，正講得口沫橫飛的時候，夜郎王居然問使節說：「漢朝有多大？有我夜郎大嗎？」

　　這句話簡直讓漢使者傻眼，當場說不出話來。因為夜郎的面積、人口都比不上漢朝的一個郡，可是夜郎位於資訊不流通的西南方落後地區，沒有正確的地理概念，竟然自以為可以跟漢朝比大小。「夜郎自大」這個成語就是從這件事來的，用來比喻一個自不量力、過度膨脹自己的人。

　　後來，因為滇國附近的小國加害漢朝的使者，武帝準備派兩支軍隊將他們消滅，當漢朝的軍隊到達的時候，滇王十分恐懼，立刻投降了漢朝，武帝在當地設置益州郡，讓滇王繼續統治當地的百姓。

　　南越滅亡一年之後，東越王餘善也起兵侵犯漢朝的邊境，武帝立刻派遣將領討伐。元封元年（西元前 110 年）的時候，漢軍攻陷東越的都城，東越王餘善被他的屬下殺害，漢軍順利平定了東越的亂事。東越平定之後，武帝考慮到這個地方狹小險要，東越人又常造反，因此下令將東越的百姓遷徙到漢朝的國土，讓東越成為無人居住的荒地。

　　我們再來看看東部的朝鮮半島。

　　朝鮮就是我們現在所說的韓國，中國的史書上記載著朝鮮人的祖先是我們漢人！

　　商朝最後一個天子就是惡名昭彰的紂王，他有一個大臣叫做箕子，紂王相當殘暴，箕子好幾次勸誡他，紂王都聽不進去，有人勸箕子乾脆遠走他鄉算了，眼不見為淨，才不會整天煩惱。箕

子卻說：「如果因為君主不聽勸告就離他而去，等於是將君主的缺點暴露給天下的百姓，我不想這樣做。」箕子繼續留在商的首都朝歌，並沒有離開。

後來，周武王起兵討伐紂王，滅掉商朝之後去拜訪箕子，請教箕子如何治理天下。箕子告訴武王，要治理天下萬民，必須掌握上天授予大禹的「洪範」，意思就是說要學習賢能的大禹，這樣天下百姓才會幸福。武王聽了之後相當高興，於是將箕子封在朝鮮，沒多久箕子就到封地去了。箕子在朝鮮建立的國家，叫做箕氏朝鮮。

到了漢高祖的時候，北方有個諸侯燕王盧綰，他的大臣衛滿率領軍隊攻進朝鮮，趕走箕子的後裔，自己當上朝鮮王，歷史上稱為衛氏朝鮮。

到了元封二年（西元前 109 年），武

帝派使者到朝鮮，責備朝鮮王沒有到長安朝拜天子，當時的朝鮮王是衛滿的孫子右渠，右渠壓根就不理會武帝派去的使節，沒有完成任務的漢使很不甘心，在回漢朝的路上殺掉送行的朝鮮裨王。

使節回去告訴武帝說：「朝鮮王不聽皇上的旨意，於是臣將他的副王殺了。」武帝聽了使節的報告之後，當下也沒有多說什麼，就把那個使者封為遼東郡東部都尉，遼東郡就在漢朝跟朝鮮的邊境。

朝鮮王聽了這件事情之後相當生氣，心想自己的寵臣被漢使無辜的殺害，而那個殺人的人居然還升了官，到遼東跟自己對抗，他實在是氣不過，乾脆出兵遼東，殺死了到遼東上任的漢使。

漢使被殺害的事情很快的傳

到長安，武帝知道這件事情之後，不禁露出了得意的笑容，因為他知道敵人中計了。

原來武帝早就料到派使節到邊境會有事情發生，因為朝鮮王非常怨恨使節做的事情，一定會採取報復行動，這樣漢朝就有藉口出兵進攻朝鮮了。機會來得這麼快，他哪有輕易放過的道理？於是武帝派兩位將領分別從海路跟陸路出兵朝鮮。

朝鮮王知道漢朝出兵的事情之後開始發愁了，也終於知道自己中了計，他知道這位漢朝皇帝一定很高明，但也想跟這個漢朝的皇帝一較高下。

沒想到朝鮮靠著有利的地理環境，接二連三的取得勝利，漢軍遭到無比的挫敗，消息傳到武帝耳裡，讓武帝實在想不通：「不應該是這樣的啊？」在漠北和河西，漢軍的戰果輝煌，怎麼到了

東方的朝鮮就不靈光了呢？武帝也知道應該是地理環境的關係，但是他不願意就這樣承認失敗，他要把損失控制到最小。於是武帝決定向朝鮮講和，武帝決定派衛山出使朝鮮，這樣至少可以維持漢朝的體面。

一到朝鮮，衛山就不停的跟朝鮮王說漢朝的軍事力量多麼的強，要右渠不要做困獸之鬥。右渠說：「我本來就打算投降了，只是害怕漢將殺掉我，現在見到可以信賴的使者，我願意投降，並打算命太子去長安。」

就這樣，右渠派遣太子帶著要獻給武帝的五千匹馬跟著漢朝的使節回長安了。可是當一行人來到漢朝與朝鮮邊境的時候，衛山見到朝鮮的太子和他的部下隨身都帶著兵器，為了怕發生意外，所以要他們放下武器。朝鮮的太子以為漢軍要殺他們，十分

害怕，不肯渡河，就帶著部下掉頭走了。

衛山見自己闖了大禍，只得膽顫心驚的回到長安向武帝請罪，武帝聽到煮熟的鴨子居然飛了，一氣之下就將衛山給斬了。

後來，武帝又派了軍隊出兵朝鮮，這次包圍了朝鮮的國都，可是連攻了幾個月都沒辦法攻下來，再加上在前線指揮作戰的兩個部將不合，武帝派去協調他們關係的特使又沒有完成使命，結果，其中一位將軍把另外一位將軍抓起來，將兩軍合併，由自己統帥猛攻朝鮮的都城。

這時候，朝鮮朝廷也發生內訌，第二年，也就是元封三年（西元前 108 年），一個朝鮮大臣殺了朝鮮王右渠，同時投降了漢朝，同一年，武帝在朝鮮設置樂浪、臨屯、玄菟及真番四郡，正式得到經營朝鮮的權力。

　　東漢的史學家班固讚美武帝說：「百蠻是攘，恢我疆宇，外博四荒。」意思就是說，武帝平定了邊疆許多少數民族國家，拓展了中國的疆域，開拓了四面八方的荒地。

　　從建元二年（西元前 139 年）到征和三年（西元前 90 年），也就是從武帝十七歲到六十六歲，五十年的歲月中，武帝動用了巨大的人力、物力，掃平了東西南北各個少數民族國家，把中國的版圖擴展到前所未有的規模，奠定了此後兩千多年中國疆域的基礎。

　　武帝的宏偉武功，是靠一批像衛青、霍去病、張騫那樣出類拔萃的人才而實現的，發現這些人才並且充分的授權，委以重責大任，正是武帝的識人之明和雄才大略的地方。

8 開疆闢土的後遺症

　　武帝為了擴張版圖，發動了一連串的戰爭，還派遣使者跟各國交流，雖然將漢朝的領土拓展到最高峰，也大大的宣傳了漢朝的國威，但是他的軍事和外交行動並非一帆風順。因為，不是所有的將軍都會打勝仗，外交工作更是充滿艱辛，有人風光歸來，也有人從此成為敵人的俘虜。

　　最典型的例子就是李陵和蘇武。

　　李陵，字少卿，他是飛將軍李廣的孫子，出生在軍人世家的他，承襲家族英勇善戰的傳統，不僅長得相當英俊挺拔，弓箭的技術更是聞名天下。天漢二年（西元前 99 年）的時候，武帝交給李廣利三萬騎兵，命令他討伐匈奴，李廣利在出發之前，武帝還特別叫

李陵率領部隊跟著李廣利出征。

可是李陵不願意跟著李廣利的軍隊，他心中還有其他的想法。

李陵跟武帝說：「臣率領的部隊都是相當驍勇善戰的勇士，他們光用手就可以抓老虎，射箭也很準，請皇上讓他們自成一軍，進攻蘭干山，分散單于的兵力。」

武帝本來就喜歡英勇的壯士，但是李陵的要求讓他既高興又為難，因為除了李陵之外，武帝還計畫派其他的軍隊出兵，手頭上已經沒有多餘的士兵可以讓李陵率領了。

武帝對李陵說：「你大概是不願意受人指揮吧！不過朕已經沒有多餘的騎兵可以給你了。」

李陵知道武帝的態度已經鬆動了，趕緊信誓旦旦的跟武帝說：「臣不用騎兵，臣願意用最少的軍隊發揮最好的戰績，臣只要

率領五千名步兵就夠了！」言下之意，李陵打算帶著他平常訓練出來的勇士攻打匈奴，不需要其他的軍隊幫忙。

武帝被李陵的精神感動了，所以就答應了他的請求。

李陵率領五千名步兵出發討伐匈奴，沒想到居然中了匈奴的埋伏，李陵雖然命令隊伍向南撤退，但是一邊戰鬥一邊撤退實在是相當艱苦。李陵的部隊傷亡很大，但他們還是努力不懈的跟匈奴戰鬥，撐到最後，五十萬支箭終究還是用完了。

李陵拼完了最後一點力氣，從馬上摔下來被匈奴俘虜了。

「陛下，我再也沒有臉見您了！」李陵悲痛的說。

李陵兵敗投降匈奴的消息傳回漢朝之後，引起了一陣譁然，武帝更是憤怒。一些只顧著明哲保身的大臣們為了迎合武帝，居

然落井下石，異口同聲的痛罵李
陵大逆不道。

只有一個人例外，他就是太
史公司馬遷。

司馬遷和李陵雖然只有一面
之緣，但是他知道李陵的為人，
在一片責罵聲中，司馬遷挺身而
出為李陵辯護：「李陵只率領五千
名步兵，與數萬的敵軍對抗，部
下拼死戰鬥，殺得敵人屍橫遍野
死傷慘重，即使是古代的名將也
沒有人能夠比得上他。我想，他
一定是不願意投降匈奴的，只要
李陵還活著，他一定會想辦法報
效朝廷。」

司馬遷雖然說得很有道理，
可是當初帶領主力部隊出征的將
領李廣利，是武帝寵姬李夫人的
哥哥，和驍勇善戰的李陵部隊比
起來，李廣利指揮的三萬漢軍並
沒有任何戰果。對武帝來說，稱
讚李陵等於是在批評李廣利，那

自己豈不是臉上無光？武帝非常生氣，下令把司馬遷拖進監牢，還處以宮刑，重重的羞辱了司馬遷。

這件事情對司馬遷的傷害很大，不過他並沒有因此就消沉喪志，反而傾注精力撰寫《史記》，深刻的剖析了人性的善惡、權力、慾望及天道，終於完成這部劃時代的史學著作。

但是武帝畢竟不是一個昏君，等到他冷靜下來之後，終於理解了當初李陵軍隊深入敵營奮戰的艱苦，武帝還主動慰問並且賞賜了生還的將士。

可是，李陵的衰運似乎還沒有結束。

在投降事件發生一年之後，武帝派將軍公孫敖出征匈奴，想要把李陵搶回來，公孫敖雖然進入匈奴的地盤，但是沒有遇到匈奴的部隊，更沒有搶回李陵。回

到京城之後，他為了掩飾自己無功而返的事實，居然向武帝報告說：「據俘虜的匈奴士兵說，李陵在匈奴訓練軍隊，教單于如何和漢軍作戰，所以臣一點收穫都沒有。」

這怎麼得了了？武帝聽了之後勃然大怒，立刻下令誅殺李陵的族人，李陵的妻子、兒女連同他母親的親弟弟都死在刑場上。可是，公孫敖說的都是謊話，在匈奴軍中確實有漢人教他們如何和漢軍作戰，但是這個人不是李陵，而是和李陵完全不相干的李緒，李緒原本是漢朝的軍官，兵敗之後投降匈奴，受到單于的重用。

後來，李陵知道武帝因為誤將李緒當作他，而將他全族殺害，感到相當的悲憤委屈，還派遣部下刺殺李緒。李陵原本想找個機會立下戰功好將功贖罪，現

在一家人被殺光了，他覺得自己根本就白費苦心，決定從此投降匈奴。

武帝後來也發現他誤會李陵了，可是錯誤已經造成，武帝雖然感到後悔，卻只能長聲嘆息，無濟於事了。

至於蘇武又是誰呢？

蘇武，字子卿，是蘇建的兒子。天漢元年（西元前 100 年），武帝任命蘇武為中郎將，手拿代表漢朝的旌節，帶著副使張勝和屬官常惠出使匈奴。蘇武一行人來到匈奴大營，見到單于並送上禮物。正當他們完成任務準備返回漢朝的時候，沒想到匈奴發生內訌，讓蘇武一行人受到牽連。

單于本來要殺掉蘇武，可是匈奴一位大臣勸阻單于說：「讓漢朝的使節們投降，罰他們當奴隸就行了。」

於是單于就派人要蘇武投

降，但是蘇武相當堅定的說：「投降的話就太屈辱了，即使活下來也沒有面目回國啊！」話一說完，就拔刀自殺，身邊的人搶救好久，才將他從鬼門關拉了回來。

單于十分佩服蘇武的勇氣，每天早晚都派人慰問他，無論如何都想要得到蘇武，甚至用許多的金銀財寶和滿山遍野的牛羊引誘他，可是蘇武就是不為所動。

單于為了讓蘇武屈服，將他關在冰冷的地窖中不給他飯吃，也不給他水喝，外面大雪紛飛天氣寒冷，蘇武就吞外面飄進來的雪止渴，吃旄節上的毛充飢，居然頑強的活了下來，把匈奴人都嚇壞了，還以為蘇武是神呢。

後來，單于把蘇武流放到北海，那是匈奴勢力範圍的最北邊，一個很偏遠的地方，大約是現在西伯利亞的貝加爾湖邊。單于叫蘇武牧公羊，告訴他只要公

羊生小羊、出羊奶，就會讓他回國，這個要求很明顯就是在刁難他。但是蘇武在荒無人煙、氣候寒冷的北海，獨自一個人生活，每天拿著代表漢朝的旌節牧羊，片刻也不離開身邊，旌節上面的毛都掉光了，想回國的意志還是相當堅定。

李陵跟蘇武不是厄運的結束，漢朝的衰運還沒完呢！

天漢四年（西元前 97 年），武帝派李廣利出兵進攻匈奴，沒想到卻吃了敗仗，雖然李廣利逃了回來，卻死傷了很多士兵。征和二年（西元前 91 年），武帝不死心，繼續派李廣利出兵，這次李廣利終於抵擋不住匈奴強烈的攻勢，兵敗投降了。

雖然戰爭難免有輸有贏，外交工作本來就充滿艱辛，但是李陵、李廣利相繼投降匈奴，蘇武又被扣留，對武帝來說是個警

訊，要命的是，後來京城內又發生巫蠱之禍，奪去好幾萬名百姓的生命，讓漢朝的國勢開始走下坡。

對外出師不利，內部也不安定，想到秦朝末年的時候，也是因為使用民力過多，最後導致滅亡。想到這段歷史，武帝不由得也自我警惕了起來。

武帝回想自己過去五十年來，雖然有很多很好的施政成績，做了很多值得後人效法和稱讚的好事，可是也做了很多荒唐的事情，好大喜功又迷信神仙，造成百姓許多痛苦，再不收斂的話，自己豈不是要變得跟秦始皇一樣了嗎？

征和四年（西元前 89 年），桑弘羊建議武帝說：「輪臺以東有五千多頃土地可以耕種，請陛下派軍隊到那裡去屯田，然後招募百姓到那裡去開荒，這樣的話，那邊不

僅可以種植五穀，還可以幫助烏孫」。桑弘羊希望武帝能在那裡擴大駐兵，修建要塞，開拓西域向前推進，這是進一步防堵匈奴的大計畫。

武帝聽到這個建議，卻一反常態斷然拒絕了桑弘羊的建議。

武帝發布了歷史上相當有名的「輪臺之詔」，在這個詔書中，他不僅公開自我譴責，認為自己不該發動這麼多戰爭，造成百姓這麼大的負擔和痛苦，下令從今天開始要廢除所有傷害百姓的政策，也不再對外發動戰爭了，要專心農業生產，讓百姓好好休息過著安穩的生活。

開疆闢土一直是武帝施政的重心，但是自從巫蠱之禍害死太子之後，武帝深感後悔，開始重新思考太子劉據提出的停止征伐、與民休息的政策，「輪臺之詔」就是這個政策轉變下的產

物。武帝堂堂一個皇帝，卻能向全國公開承認自己的過錯，並痛改前非，這種胸襟確實相當罕見。

武帝發布了「輪臺之詔」之後，他進一步任命有名的農學家趙過擔任搜粟都尉，趙過將新式的農耕法推廣到民間，規定農民都必須接受農業的新技術，以及學習怎樣使用新式農具。

新的農業政策很受到百姓歡迎，新的耕作方法比較省力，卻可以獲得較多的收成，農村的狀況漸漸好轉，老百姓臉上總算又有笑容了，武帝見百姓開心，他也相當的高興，一度岌岌可危的漢朝，終於又展現活潑的朝氣了。

至於讓武帝大徹大悟的巫蠱之禍，究竟是什麼樣的事件呢？

9 巫蠱之禍

　　巫蠱之禍是武帝末年發生的重大政治事件，也是他人生最大的遺憾。巫蠱事件發生在征和二年（西元前91年）。漢武帝晚年十分奢侈，常常大興土木，武帝還喜歡任用施政嚴酷的官吏加重刑罰，從來不把殺人當作一回事，太子劉據經常勸他減輕老百姓的負擔，實行寬厚仁慈的政策，這讓武帝逐漸對劉據產生不滿，認為太子劉據對他太不尊重。

　　巫蠱是一種巫術，據說只要在木頭人上面刻上仇人的姓名，然後再把木頭人埋進土裡，或者放在屋子裡，日夜詛咒這個人，持續詛咒下去，對方就會遭殃。武帝末年的時候，這種可怕的巫術在長安很流行。

　　當時武帝已經六十六歲了，

有一天突然生了一場大病，人在生病的時候難免疑神疑鬼，武帝在病榻中，總以為是有人在詛咒他早死，他身邊的心腹大臣江充跟太子劉據有仇，為了陷害太子，江充跟武帝說：「皇宮裡有人詛咒皇上，蠱氣很重，若不把那些木頭人挖出來，皇上的病是好不了的。」

武帝生病太久了，很想馬上痊癒，對這個說法深信不疑，就派江充調查這件事情。

江充是一個心狠手辣的人，他找了很多人到處挖木頭人，還用燒紅了的鐵器烙人，強迫人們招供，不管是誰，只要被江充扣上「詛咒皇帝」的罪名就不能活命，沒多久他就誅殺了好幾萬人，搞得京城內人心惶惶，每個人都怕下一個遭殃的會是自己。

江充沒想到武帝居然這麼輕易就相信他的話，所以更加大

膽，唆使巫師對武帝說：「宮中到處都是巫蠱之氣，一定是有人在詛咒皇上啊！」

武帝聽了大吃一驚，連忙派江充到皇宮挖木頭人，他們先從後宮開始挖，一直挖到衛皇后和太子劉據住的地方，屋裡屋外都挖遍了，一塊木頭都沒找到。

但是江充怎麼會善罷干休呢？為了陷害太子劉據，江充趁別人不注意的時候，把事先準備好的木頭人拿出來，大肆宣揚說：「在太子宮裡挖出來的木頭人最多，還發現太子在帛書上寫著詛咒皇上的話，我們應該馬上奏明皇上辦他死罪。」

劉據知道自己被江充陷害了，立刻親自去見武帝，希望能跟武帝解釋清楚，但是江充怕劉據向武帝揭穿自己的陰謀，趕緊派人攔住劉據的馬車，說什麼也不肯放他走。

　　劉據被逼得走投無路，急忙派人通報衛皇后，想要調集軍隊保衛皇宮，沒想到這下子卻弄巧成拙，有人向武帝說太子劉據起兵造反，武帝信以為真，生氣的他馬上下了一道詔書要捉拿太子。

　　事到臨頭，騎虎難下的劉據只好拿出放在兵庫中的武器，調集皇后的車馬，找了許多士兵組織軍隊，向所有的文武百官宣布說：「皇上在甘泉宮養病，居然有奸臣起來作亂。」

　　劉據派人把江充帶到面前，生氣的罵他說：「你這個奸賊！竟然要離間陛下和我之間父子骨肉的關係！」劉據實在是氣壞了，他壓不住心頭的怒火，親手把江充給殺死了。

　　武帝知道劉據殺了江充之後相當生氣，立刻下令逮捕劉據，劉據為了保護自己，只好占領城

內重要的據點，將監獄中的犯人組織成軍隊，跟武帝的軍隊對抗，雙方在長安城混戰了四、五天，死傷了好幾萬人。

後來，劉據被打敗了，帶著兩個兒子逃出長安，最後跑到湖縣一個老朋友家裡躲了起來。可是不久之後，新安縣令李壽知道了劉據的下落，帶了人馬要捉拿他，劉據最後無處可逃，在門上拴了一條繩子上吊死了，兩個兒子和那一家的主人，也被李壽的手下殺死了。

至於曾經很受武帝寵愛的衛皇后，在太子被武帝打敗逃出長安當天，被武帝廢掉皇后的資格，最後也自殺死了。

劉據自殺之後，武帝派人調查事情的真相，才知道劉據根本就沒有埋過什麼木頭人，這一切都是江充搞的鬼。

武帝想到他居然不相信自己

的妻子和兒子，卻相信一個外人，在這場禍亂中，死了一個太子和兩個孫子，皇后也因為這個事件自殺，讓他感到既悲傷又後悔。最後，武帝下令滅了江充九族，其他參與此事的大臣也都被處死，但是一切都太晚了。

巫蠱之禍之後，武帝拒絕了桑弘羊增兵西域的建議，決定遵照太子劉據生前的希望，減少對外戰爭，盡量讓百姓休息，算是對死去兒子的一點彌補。

後來，武帝實在是太想念劉據，便派人在劉據自殺的地方建了一座宮殿，取名為「思子宮」，表達他對太子無限的思念，宮裡還有一座高臺叫做「歸來望思之臺」，意思就是當武帝登上高臺的時候，心中期盼著他的兒子能夠歸來。

可是登上高臺的時候，武帝也只能無奈的看著臺前一望無際

的景色嘆息，因為再多的措施，
也彌補不了他失去親人的傷痛
了。

10

先見之明

　　皇太子劉據因為巫蠱之禍自殺之後，武帝雖然傷心，但是為了漢朝的未來，並沒有消沉太久。因為他知道，他還沒有決定合適的接班人，治理天下的這個重擔不能沒有繼承者。

　　經過一番長思之後，武帝挑選了最小的兒子劉弗陵為太子。劉弗陵是拳夫人的孩子，據說當年武帝遇到拳夫人的時候，她兩手握拳無法張開，武帝覺得很新奇，便牽起拳夫人的手，想將她的拳頭掰開。說也奇怪，拳夫人的手居然就能張開了，武帝將她帶回宮之後，就稱她為「拳夫人」。

　　拳夫人懷胎十四個月才生下弗陵，傳說古代的聖人堯，也是在娘胎裡面十四個月才生下來

的，因此弗陵的出生讓武帝很欣喜。武帝決定讓弗陵當太子的時候，弗陵才四歲而已。弗陵長得十分健壯，而且聰明伶俐，武帝常覺得所有的兒子裡，弗陵跟自己最像，再加上弗陵跟堯一樣，都是母親懷胎十四個月才生下來的，母親又很與眾不同，讓武帝認為弗陵是最合適的太子人選。

可是，武帝又想到一件事情，「弗陵年紀還這麼小，母親又這麼年輕，如果將來我死了，弗陵繼承了皇位，這麼年輕的母親一定會帶給國家災禍。」

「為了大漢帝國著想，也為了年輕的太子，我必須做個決定！」武帝心裡默默的下了一個主意。

從那天之後，武帝常常故意找拳夫人麻煩，有一點小過失就會遭到武帝嚴厲的斥責，雖然拳夫人一再叩頭謝罪，武帝心裡也

很不忍心，還是命令侍衛將拳夫人拉進大牢處死了。

武帝身邊的人感到很不明白，問武帝說：「您不是已經立她的兒子當太子了嗎？為什麼還要除掉太子的母親呢？」

「這就不是你們這些愚笨的人可以理解的。」武帝這才說出他的顧慮：「自古以來，國家有亂事發生，都是因為天子年幼、母親年輕的關係，太后伏著兒子是皇帝，想做什麼就做什麼，沒有人能夠禁止，你們難道沒有聽說過呂后干政的事情嗎？」

呂后就是漢高祖劉邦的皇后呂雉，高祖駕崩之後，惠帝即位，呂后成為皇太后。惠帝個性比較優柔寡斷，實際政權掌握在呂后手中。惠帝去世之後，少帝即位，呂后更掌握政權長達八年。後來因為呂后殺了少帝的親生母親，少帝心中很怨恨呂后，

呂后知道之後派人殺害少帝，改立常山王劉義為皇帝，掌權足足十六年之久。

　　武帝會處死弗陵的母親，就是要確保漢朝以後不會再重演母后干政的歷史。

　　除此之外，深謀遠慮的武帝，還為年輕的太子挑選了一個出類拔萃的大臣輔佐他，那個人就是霍光。

　　霍光是霍去病同父異母的弟弟，十幾歲開始侍奉武帝，二十幾年都沒有出過任何差錯，是個很小心謹慎的人。武帝心中決定以弗陵為太子，讓霍光輔佐他，但是他並沒有立刻說出來，只是請人畫了一幅周公的畫像送給霍光。

　　周公是周朝的聖人，他在哥哥武王去世之後，輔佐武王年幼的兒子成王治理周朝，這幅畫描繪周公背著年幼的成王在朝廷接

　　見諸侯的場景，武帝想藉著這幅畫向霍光表明心意，等到他去世之後，會將小皇帝跟社稷託付給他，希望霍光能以周公為楷模，忠心耿耿的輔佐年幼的皇帝。

　　後元二年（西元前87年），武帝巡視到扶風縣的時候，突然生了一場大病，之後就一病不起。霍光知道武帝生命垂危，淚流滿面的來到武帝床前，問武帝說：「陛下如果有萬一，應該由誰繼承皇位呢？」

　　武帝也明白自己的生命已經像是風中的蠟燭，雖然身體因為生病而痛苦不堪，他還是態度堅定的回答霍光說：「卿還不明白朕以前送你周公畫像的意思嗎？朕要讓我最小的兒子弗陵繼位，並由你來輔佐他。」

　　霍光聽了之後不敢置信，他對著武帝直叩頭說：「臣不如金日磾啊！」

　　沒想到站在一旁的金日磾也說：「臣是外國人，不如霍光。」

　　金日磾本來是匈奴的貴族，少年時來到中國，之後就一直留在漢朝。他為人坦誠嚴謹，長期在武帝身邊做事，和霍光一樣深得武帝的信任。

　　後來，武帝決定拜霍光為大將軍，拜金日磾為車騎將軍。大將軍是軍隊的統帥，也掌握國家的決策大權，是文武百官中最高的職位。武帝要霍光輔佐小皇帝治理國家，讓金日磾幫助霍光。

　　武帝還命令上官桀為左將軍，桑弘羊為御史大夫，讓他們幫助霍光和金日磾，同心協力為漢朝奮鬥。

　　武帝妥善安排後事之後，第二天，也就是後元二年丁卯（西元前87年3月26日），他安心的離開了人間，英靈長眠在長安城西邊的茂陵。茂陵是武帝的陵墓，從武帝

即位的第二年便開始修建，足足修了五十三年之久，相當宏偉壯觀，在中國歷史上只有秦始皇的陵墓可以相比。

第三天，虛歲八歲的皇太子弗陵繼位，也就是後來的昭帝。霍光果然沒有辜負武帝的託付，他出色的輔佐昭帝，實行很多很好的政策，把國家大事管理得井井有條，很受百姓的稱讚。小皇帝昭帝跟大將軍霍光很有默契，始終配合得很好。

漢朝在武帝的時候，因為長年用兵的關係，外表看起來強大，實際上內部卻很空虛，到了昭帝的時候，才又逐漸富強起來，百姓們可以過安定的生活，還平定了烏桓和樓蘭兩個地方的叛亂，接下來的宣帝政績一樣出色，而有了「昭宣之治」的美稱。

武帝果然有先見之明，他對

拳夫人的處置是正確的。因為武帝睿智的安排，在他去世之後，漢朝果然又產生了另一個輝煌的時代。如果當時武帝沒有殺拳夫人，那麼拳夫人以天子母親的身分干涉朝政，霍光是無法完成武帝交代的任務的。武帝選中霍光擔任小皇帝的輔臣，又再次證明武帝在用人這方面眼光的確精準獨到。

至於李陵跟蘇武最後怎樣了呢？小皇帝昭帝即位之後，匈奴又想跟漢朝和親了，這時候漢朝趁機提出放還蘇武的條件，隔了十九年，蘇武終於可以回國了。同時，漢朝也消除了對李陵的誤解，派李陵的好友任立政到匈奴，想要把李陵找回來。

可是當任立政到匈奴的時候，李陵卻穿著匈奴的裝扮出現，好像是在告訴任立政，前塵往事都過去了，現在已經都沒什

麼好說的！李陵最後還是選擇在
匈奴終老一生，蘇武則是如願回
到朝思暮想的家鄉。

　　因為功勳卓越，蘇武後來被
任命為典屬國，負責少數民族事
務，還獲得相當多的獎賞。蘇武
在宣帝神爵二年（西元前60年）的時
候，以八十多歲的高齡去世，後
來宣帝挑選出十一名大臣，描繪
他們的畫像掛在麒麟閣，「典屬
國蘇武」也光榮的入選。

　　武帝拓展了漢朝的領土和國
威，鞏固了中國遼闊的疆域，促
進東西文化交流，確立了中國文
化的體系，讓原本就強盛的漢朝
更加壯大。從武帝之後，漢代文
化一直是中國歷史的主流，還影
響了日本、朝鮮、越南等亞洲其
他國家的歷史。武帝長遠的眼
光、寬廣的胸襟、果斷的行動，
為中國開創了一個新的時代，他
的確是一位不平凡的皇帝。「典

屬國蘇武」不正代表著武帝開疆闢土的氣魄，還有人臣為他鞠躬盡瘁，死而後已的精神嗎？

漢朝是中國歷史上第一個強大的帝國，不僅在中國沒有幾個朝代可以跟它媲美，世界上也沒有幾個國家能比得上。因為漢朝的強盛，提高了中華民族的世界地位，我們因此被稱為漢族，漢族在外國人眼中就代表中國，強盛的漢朝培育了一個民族的性格，也讓我們因為身為漢族而感到驕傲。那麼，誰是大漢帝國這道璀璨光芒的創造者呢？你知道了吧！答案就是漢武帝。

漢武帝

小檔案

前 156 年	出生，幼名彘，排行第九，母親為王夫人。
前 141 年	即位，年僅十四歲。
前 139 年	張騫出使大月氏。
前 135 年	竇太皇太后去世，武帝開始進行改革。
前 134 年	採納董仲舒的建議，舉孝廉，召賢良、文學之士。
前 129 年	遣衛青、李廣、公孫賀、公孫敖分擊匈奴；衛青攻至龍城。開渭渠、龍首渠。
前 128 年	太子劉據出生，立衛子夫為皇后。
前 127 年	實行「推恩令」，削弱諸侯勢力。
前 126 年	張騫從大月氏回國，帶回許多關於西域的物產與資訊。

前 124 年	以公孫弘為相。衛青打敗匈奴右賢王，拜大將軍。隔年，霍去病因功封為冠軍侯，張騫封博望侯。
前 122 年	淮南王、衡山王叛變失敗，封地取消。
前 120 年	下令煮鹽、冶鐵由國家專賣。
前 115 年	頒布「均輸法」。
前 113 年	派兵出征南越，置九郡。
前 110 年	封禪泰山，大赦天下。推行「平準法」。
前 108 年	平定朝鮮，置四郡。
前 104 年	貳師將軍李廣利出征大宛。
前 100 年	蘇武出使匈奴，被扣留。
前 95 年	皇子弗陵生。
前 91 年	巫蠱之禍起。江充誣陷太子謀反，遭太子殺死。衛皇后、太子自殺。
前 89 年	李廣利兵敗降匈奴。
前 88 年	處死拳夫人。
前 87 年	立劉弗陵為太子，以霍光、金日磾、上官桀等人輔佐。駕崩，年七十，葬於茂陵。

世紀人物100

獻給孩子們的禮物

「世紀人物100」

訴說一百位中外人物的故事

是三民書局獻給孩子們最好的禮物！

◆ 不刻意美化、神化傳主，使「世紀人物」
　更易於親近。
◆ 嚴謹考證史實，傳遞最正確的資訊。
◆ 文字親切活潑，貼近孩子們的語言。
◆ 突破傳統的創作角度切入，讓孩子們認識
　不一樣的「世紀人物」。

 兒童文學叢書

影響世界的人

在沒有主色，沒有英雄的年代
為孩子建立正確的方向
這是最佳的選擇

一套十二本，介紹十二位「影響世界的人」，看：

釋迦牟尼、耶穌、穆罕默德如何影響世界的信仰？

孔子、亞里斯多德、許懷哲如何影響世界的思想？

牛頓、居禮夫人、愛因斯坦如何影響世界的科學發展？

貝爾便利多少人對愛的傳遞？

孟德爾引起多少人對生命的解讀？

馬可波羅激發多少人對世界的探索？

他們，

足以影響您的孩子——

去影響世界的未來

兒童文學叢書
童話小天地

童話的迷人，
正是在那可以幻想也可以真實的無限空間，
從閱讀中也為心靈加上了翅膀，可以海闊天空遨遊。
這一套童話的作者不僅對兒童文學學有專精，
更關心下一代的教育，
出版與寫作的共同理想都是為了孩子，
希望能讓孩子們在愉快中學習，
在自由自在中發展出內在的潛力。

―― 簡宛（名作家暨「兒童文學叢書」主編）

丁疙瘩　　奇奇的磁鐵鞋　　九重葛笑了　　智慧市的糊塗市民
屋頂上的祕密　　石頭不見了　　奇妙的紫貝殼　　銀毛與斑斑
　　小黑兔　　大野狼阿公　　大海的呼喚　　土撥鼠的春天
「灰姑娘」鞋店　　無賴變王子　　愛咪與愛米麗　　細胞歷險記

國家圖書館出版品預行編目資料

開疆闢土：漢武帝 / 林佩欣著;趙智成繪.－－初版二
刷.－－臺北市：三民，2010
面；　　公分.－－(兒童文學叢書／世紀人物100)

ISBN 978-957-14-4960-9　(平裝)

1.漢武帝 2.傳記 3.通俗作品

622.1　　　　　　　　　　　　　　96025511

© 　開疆闢土：漢武帝

著 作 人	林佩欣
主　　編	簡　宛
繪　　者	趙智成
發 行 人	劉振強
著作財產權人	三民書局股份有限公司
發 行 所	三民書局股份有限公司
	地址　臺北市復興北路386號
	電話　(02)25006600
	郵撥帳號　0009998-5
門 市 部	(復北店)臺北市復興北路386號
	(重南店)臺北市重慶南路一段61號
出版日期	初版一刷　2008年1月
	初版二刷　2010年10月修正
編　　號	S 782140

行政院新聞局登記證局版臺業字第○二○○號

有著作權·不准侵害

ISBN　978-957-14-4960-9　(平裝)

http://www.sanmin.com.tw　三民網路書店
※本書如有缺頁、破損或裝訂錯誤，請寄回本公司更換。